Tour 32	In der Hardangervidda Von Fagerheim zur Krækkjahytta (3.30 Std.; einfach)	**145**
Tour 33	Zum eisigen Riesen Von Finse zum Hardangerjøkulen (4.45 Std.; mittelschwer)	**149**
Tour 34	Auf den Hausberg von Geilo Vom Prestholtseter über den Gebirgszug Hallingskarvet (4 Std.; anspruchsvoll)	**154**
Tour 35	Sanftes Fjell und schroffe Gipfel Vom Hemsedal zum Storehødn (3.15 Std.; mittelschwer)	**158**

Register **162**
Abbildungsnachweis / Impressum **168**

Bitte schreiben Sie uns, wenn sich etwas geändert hat!
Alle in diesem Buch enthaltenen Angaben wurden von den Autoren nach bestem Wissen erstellt und von ihnen und dem Verlag mit größtmöglicher Sorgfalt überprüft. Gleichwohl sind – wie wir im Sinne des Produkthaftungsrechts betonen müssen – inhaltliche Fehler nicht vollständig auszuschließen. Daher erfolgen die Angaben ohne jegliche Verpflichtung oder Garantie des Verlages oder der Autoren. Beide übernehmen keinerlei Verantwortung und Haftung für etwaige inhaltliche Unstimmigkeiten. Wir bitten dafür um Verständnis und werden Korrekturhinweise gerne aufgreifen:
DuMont Reiseverlag, Postfach 3151, 73751 Ostfildern
E-Mail: info@dumontreise.de

Wandern in Norwegen

Wandersaison

Die Hauptwandersaison sind die Monate Juni bis August; in Mai und September sind Wanderungen in tieferen Lagen möglich. Von Oktober bis in den Januar gibt es Schneestürme und Kälte. Von Februar bis in den Mai hinein herrscht wieder Hochsaison — allerdings sind dann nur Skiwanderer unterwegs.

Anspruch

In der Rubrik »Die Wanderung in Kürze« wird die Wanderung jeweils als einfach (+), mittelschwer (++) oder anspruchsvoll (+++) klassifiziert.

Gehzeiten

Alle in diesem Buch aufgeführten Zeiten sind reine Gehzeiten ohne Pausen. Jeder Wanderer hat natürlich sein eigenes Tempo, so dass man erst einmal an einer mittellangen Tour seinen individuellen Zeitbedarf ermitteln sollte, um die anderen Touren hochzurechnen.

Wege, Markierungen, Hütten

Norwegen ist von einem Netz markierter Wanderrouten überzogen. Die Wanderorganisation DNT (Der Norske Turistforening, Storgata 3, Postboks 7 Sentrum, 0101 Oslo) unterhält die mit roten T markierten Wege, an denen auch viele Hütten liegen. DNT-Mitglieder haben Vorrang in den Wanderhütten und zahlen weniger, außerdem bekommen nur sie den Standardschlüssel für die Selbstbedienungshütten. Infos über: www.huettenwandern.de

Ausrüstung

Gute Wanderstiefel sind zu jeder Tour notwendig. Zum Queren von Bächen haben sich Surfschuhe bewährt, die eine griffige Sohle haben und die Füße warm halten. In feuchterem Terrain sind Stulpen nützlich. Warme Sachen und Regenschutz muss man auf jeder längeren Wanderung dabeihaben. Die Kleidung sollte aus guten synthetischen Fasern oder Wolle bestehen. Ein höhenverstellbarer Ski- oder Wanderstock hilft die Gelenke schonen

Tour 8	Wo sich tosende Wasser vereinen		
	Wanderung um Åmotan		
	(3.30 Std.; mittelschwer)		**45**
Tour 9	Zum norwegischen Matterhorn		
	Vom Innerdalen zum Panoramablick		
	aufs Sunndalen (8 Std.; anspruchsvoll)		**49**
Tour 10	Fjorde von oben		
	Der Aussichtsberg Store Tuva bei Sunndalsøra		
	(4.45 Std.; mittelschwer)		**53**
Tour 11	Der Kletterwand entgegen		
	Vom Trollstigen zu den Trolltindane		
	(5 Std.; anspruchsvoll)		**57**
Tour 12	Umringt von Zinnen		
	Durch Hochtäler rund um den Kammen		
	(5 Std.; mittelschwer)		**62**
Tour 13	Postkartenansichten		
	Zum Aussichtspunkt		
	am Geirangerfjord (3 Std.; einfach)		**66**
Tour 14	Stauseen im Hochgebirge		
	Ins bergige Hinterland des Tafjorden		
	(6.15 Std.; anspruchsvoll)		**69**
Tour 15	Bergwelt leicht gemacht		
	Zum Reindalseter		
	(4 Std.; einfach)		**75**
Tour 16	Majestätische Kletterregion		
	Bergwanderung zum Slogen		
	(7 Std.; anspruchsvoll)		**78**
Tour 17	1800 Höhenmeter bis zum Ziel		
	Von Loen zum Skålatårnet		
	(8 Std.; mittelschwer)		**82**
Tour 18	Jostedalsbreen, naturbelassen		
	Zur Gletscherzunge Austerdalsbreen		
	(4 Std.; einfach)		**86**
Tour 19	Kurzwanderung in alpiner Welt		
	In das nördliche Hurrungane-Gebirge		
	(3.30 Std.; mittelschwer)		**89**

Tour 20	Auf Norwegens höchsten Berg Von Spiterstulen auf den Galdhøpiggen (6 Std.; mittelschwer)	9.
Tour 21	Sonnenreiche Hochweiden Von Lom nach Soleggen (4 Std.; mittelschwer)	9
Tour 22	Norwegens bekannteste Route Der Peer-Gynt-Weg (6 Std.; mittelschwer)	10
Tour 23	Im »Schatten« des Besseggen Von Gjendebu nach Memurubu (4 Std.; mittelschwer)	10
Tour 24	Südliches Tor nach Jotunheimen Berg- und Talwanderung am Vettisfossen (7 Std.; mittelschwer)	11
Tour 25	Gute Sicht von flacher Kuppe Zum Spåtind im Gausdal Vestfjellet (4 Std.; einfach)	114
Tour 26	Wo einst die Postkutsche fuhr Auf historischen Pfaden durch das Lærdalen (2.30 Std.; einfach)	117
Tour 27	Wilde Pfade, schroffe Schluchten Rundwanderung durch das Aurlandsdalen (5.45 Std.; mittelschwer)	121
Tour 28	Alte Seter vor steilen Hängen Vom Aurlandsdalen ins Stonndalen (5.30 Std.; mittelschwer)	126
Tour 29	Über den Dächern von Bergen Vom Fløyen zum Ulriken (4 Std.; einfach)	131
Tour 30	Bergens Hinterland bei Dale Vom Bergsdalen nach Høgabu (4 Std.; einfach)	136
Tour 31	Am Rande der Hardangervidda Rundwanderung durch das wilde Måbødalen (3.30 Std.; mittelschwer)	141

und Kraft sparen. Grundausrüstung im Rucksack: Erste-Hilfe-Set, Taschenmesser, Trillerpfeife, Kompass, Mücken- und Sonnenschutz, Sonnen- oder Gletscherbrille, Wasserflasche, Proviant, Ersatzpullover, Mütze oder Stirnband. Für Karten oder Wanderbuch empfiehlt sich ein Plastikschutz. Wasser kann man aus den norwegischen Bergbächen bedenkenlos trinken; zum Durstlöschen ungeeignet sind stehende Gewässer, Flüsse nahe von Siedlungs- und Weidegebieten sowie Gletscherbäche.

Wanderkarten

Für ganz Norwegen gibt es die topographischen Karten des Statens Kartverk im Maßstab 1 : 50 000 (TK) und zudem verschiedene Sonderkarten (Bezugsquellen in Deutschland: Nordis Buch- und Landkartenhandel, Postfach 10 03 43, 40767 Monheim, Tel. 02173-566 65; Nach Norden, Helga Rahe, Drostestr. 3, 48157 Münster, Tel. 0215-32 46 08, helga.rahe@huettenwandern.de).

Verhalten in der Natur

In Norwegen gilt noch das Jedermannsrecht, das jedem erlaubt, sich zu Fuß frei zu bewegen, ohne die Natur zu beeinträchtigen. Eindeutig verboten ist: Haus- und Hofgrundstücke sowie Felder ohne Absprache betreten; Bäume fällen, Äste absägen, geschützte Pflanzen pflücken, Feuer machen vom 15. 4. bis 15. 9. und auf anstehendem Fels immer, Jagd und Angeln in Süßwasser ohne Genehmigung, Abfall hinterlassen oder vergraben (!), Campingtoiletten ausleeren, Tiere stören, lärmen, Zäune beschädigen oder Gatter offen lassen, querfeldein fahren.

Sicherheit

Wandern in Norwegen ist nicht gefährlich. Wichtig sind aber eine realistische Selbsteinschätzung und die Kenntnis möglicher Gefahrenquellen. Gletscher sind für Wanderer nur bei geführten Touren zu betreten. Schneebrücken über Wasserläufen sollte man meiden, sie können einbrechen. Altschneefelder in steilem Gelände werden zur Rutschbahn; auf solche Stellen wird im Buch hingewiesen. Steilhängen sollte man sich immer mit Bedacht nähern. Sie können unterhöhlt sein und abbrechen. Schöne Aussichten von solchen Plätzen kann man im Sitzen oder Liegen genießen.

SYMBOLE IN DEN KARTEN

- ⌂ Gasthaus, Berghütte (bewirtschaftet)
- ▲ Schutzhütte, Unterstand (unbewirtschaftet)
- ⛪ Kirche, Kapelle
- ⛰ Steinmann
- ✿ Mühle
- ⌇ Rastplatz
- ⌂ Höhle
- ⌇Wf. Wasserfall
- ⚘ Hervorragender Nadelbaum
- ⊢ Schiffsanlegestelle
- ⌇ Schwimmbad, Badestelle
- ⌇ Sendemast

Natur am Wege

Rings um die golfstrombeheizten Küsten und geschützten Fjordränder zwischen Oslo und Trondheim haben die Hauptsiedlungsräume mit Siedlungsplätzen und Kulturlandschaften deutlicher in die Natur eingegriffen als sonst in Norwegen. Die nordischen Laub- und Mischwaldbestände, die diese gemäßigten Tieflagen ehemals überzogen, sind unterbrochen von landwirtschaftlichen Nutzflächen. Obst- und Gemüseanbau haben hier ihre Standorte, auf kargeren Böden liegen Weideflächen, und forstwirtschaftliche »Fichtenäcker« nehmen im heutigen Baumbestand einen Anteil von 70–80 % ein. Dennoch finden sich in geschützten Fjordenden und abgelegenen Talzügen vielfach üppige Bestände der ursprünglichen Vegetation. Dann beginnt man vielleicht eine Wanderung am grasbewachsenen Ufer eines Fjordes, auf dem sich Eiderenten tummeln und Austernfischer mit ihren spitzen roten Schnäbeln in der seichten Strandzone nach Nahrung den Boden durchstochern. Doch bald ist man landeinwärts von Wald umgeben. Meist herrscht in günstigen Lagen Rotbuche vor, aber daneben sind auch Esche, Ahorn, Ulme und Eiche zu finden. Beim Höhersteigen allerdings ändert sich das Bild, und Birkenbewuchs, durchsetzt mit Eberesche, bestimmt es nun bald. Auch Nadelbäume treten hinzu, meist Kiefer oder Fichte. Im Unterholz kann sich je nach Lichtverhältnissen eine blumenreiche Krautschicht mit Storchschnabel, Buschwindröschen, Hahnenfuß und Glockenblume ent-

Natur am Wege

wickeln, an schattigeren Plätzen breiten sich üppige Farne aus. In höheren Lagen überziehen oft dichte Teppiche aus Beerensträuchern den Waldboden, Rausch- und Heidelbeere sind die begehrtesten Sammlerobjekte und stellen im Spätsommer den Wanderproviant sicher. Auch Walderdbeeren finden sich an geschützten Stellen.

Die Waldregionen werden von zahlreichen Vogelarten bevölkert, wie sie auch in Mitteleuropa vorkommen, darunter Spechte, Drosseln und Meisen sowie das scheue Auerhuhn. Der größte nordische Waldbewohner ist der Elch, der sich aber auch in sumpfigem Terrain aufhalten kann. Auch auf Rotfuchs und Schneehase kann man beim Wandern in den bewaldeten Regionen treffen. Wo die klimatischen Verhältnisse mit steigender Höhe und Entfernung zum ausgleichenden Meer extremer werden, geht der Baumbestand in den borealen Nadelwald mit oft von Flechten und Moos überzogenen Bergkiefern und Fichten über, nur vereinzelt von Birken unterbrochen. Diese schließen sich darüber als Fjellbirkengürtel an. Hier werden die Bäume meist nur noch mannshoch und ähneln oft eher hohem Buschwerk, bevor die baumlosen Strauchheidegebiete die Fjellregion ankündigen, die fast die Hälfte der norwegischen Landesfläche ausmacht. Weidensträucher, Heidekrautgewächse, Wacholder, Krähenbeere und Zwergbirke prägen diese Strauchheiden, die mit Grasland und wollgrasbestandenen Mooren abwechseln. Schließlich steigt das Fjell zu flechtenüberzogenen Geröllhalden an, auf denen sich vereinzelt die Polster des Stängellosen Leimkrauts und die weißen Blüten von Silberwurz und Gletscherhahnenfuß finden können. Hier ist der Lebensraum für Rentier, Polarfuchs und Lemming; auch Schneehasen sind im Fjell verbreitet. In Moorgebieten halten sich Watvögel wie Rotschenkel und Bekassine auf. Das Alpenschneehuhn ist ein typischer Fjellbewohner, ebenso der Goldregenpfeifer, der seinen melancholischen Ruf oft auf einsamen Hochflächen ertönen lässt.

Glockenblumen

Zwischen Ökonomie und Ökologie

Viele Gebiete Norwegens lassen erst bei näherem Hinsehen menschlichen Einfluss erkennen, andere können noch als ursprünglich bezeichnet werden, wieder andere werden durch die wirtschaftliche Nutzung drastisch verändert.

Nationalparks und Naturschutzgebiete sind häufig dort eingerichtet worden, wo es um den Erhalt ursprünglicher Naturlandschaften ging. Die bekanntesten wie Rondane, Dovrefjell, Femundsmarka, Hardangervidda und Jotunheimen erstrecken sich überwiegend in Bergregionen, die von Menschen nur sporadisch zur Jagd oder Sommerweide genutzt wurden. Erst mit dem Wandertourismus etablierte sich hier und in anderen Hochfjellregionen eine regelmäßige Nutzung. Diese geht zwar einigen Naturschutzaktivisten schon zu weit, denn gerade in diesen klimatisch extremen Gebieten sind Flora und Fauna empfindlich gegen störende Einflüsse, dennoch hat sich in Norwegen der Standpunkt durchgesetzt, dass die Natur nicht vor den Menschen, sondern für sie geschützt werden soll, und die Norweger sind darin, ihre Naturräume zu Freizeitzwecken zu nutzen, vermutlich Weltspitze.

Land- und Forstwirtschaft nahmen und nehmen großen Einfluss auf die Natur, Tieflandmoore sind zu Viehweiden kultiviert, große Rodungen wurden für die Holzkohleherstellung durchgeführt. Später

Zwischen Ökonomie und Ökologie

begann man mit Aufforstungen, die besonders in Südwestnorwegen die Fichte zur vorherrschenden Baumart machten. Der boreale Nadelwald Ostnorwegens weicht zunehmend produktiven Forsten, und nur wenige Prozent dieser typisch nordischen Waldart stehen bislang unter Schutz. Aktionen gegen die andauernde Abholzung dieser nordischen Urwaldart werden immer wieder von Naturschützern und Wandervereinen initiiert.

Auf unkultiviertem Gebiet wirkt die Weidewirtschaft auf das Pflanzenwachstum ein. Rinder und besonders Schafe bevölkern Waldgelände, auf den baumlosen Hochflächen weiden Schafe und Ziegen.

Eine neue Nutzung besonders der Fjellgebiete hat sich mit der Energiegewinnung durch Wasserkraft etabliert. Norwegens beträchtlicher Stromverbrauch wird fast ausschließlich daraus gedeckt und vielfach energieintensive Industrie wie die Aluminiumproduktion gleich als Großabnehmer neben dem Kraftwerk angesiedelt. In den Hochlagen von Setesdalsheiene, am Rand der Hardangervidda, in den Bergen von Sunnmøre und Trollheimen sind riesige Wasserreservoire entstanden, werden Flüsse umgeleitet oder verschwinden unvermittelt in Schächten, um im Berg versteckte Turbinen anzutreiben. Besonders der Bestand an wild lebenden Rentieren leidet stark unter diesen Eingriffen. Die Wege der Tiere von einem Weideplatz zum nächsten sind vielfach durch die Wasserkraftanlagen unterbrochen, oder Weidegründe sind komplett in Stauseen untergegangen. Auf neuen Zufahrtsstraßen oder verlegten Wanderrouten dringen Menschen in wichtige Rückzugsgebiete der Rentiere vor, die besonders in der Zeit des Kalbens sehr scheu sind.

Das Fjell ist Lebensraum für Rentierherden

Kaleidoskop der Eiszeiten

Das skandinavische Gebirge, das sich als mächtiger Rücken in Nord-Süd-Richtung durch Norwegen zieht, ist einige hundert Millionen Jahre alt. Für das heutige Aussehen des Landes haben aber – geologisch gesehen erst in letzter Minute – die Eiszeiten gesorgt, die bis vor ungefähr 10000 Jahren der Oberfläche den letzten Schliff gaben.

Gletscher bilden sich in Gebieten, wo der Zuwachs an Schnee auf das Jahr bezogen größer ist als die Abnahme, also zunächst in den gebirgigen Hochlagen. Der Schnee formt sich durch Anschmelzen und Wiedergefrieren zu Firn und durch den nach und nach hinzukommenden Druck der auflagernden Schichten zu Gletschereis um. Dieses fließt, der Schwerkraft folgend, langsam durch die vorhandenen kleinen Einkerbungen der Bachläufe und später durch die Täler. Je mehr Eis nun zu Beginn der Eiszeiten in den Bergen hinzukam und je tiefer die Schneegrenze fiel, umso mächtiger wurden die Gletscher, und umso weiter reichten sie. Sie bildeten große Eisstromnetze und weiteten sich schließlich zur alles bedeckenden, bis zu 2500 m mächtigen Inlandeismasse aus. In den voreiszeitlichen Tälern leisteten die

Gletscher nun ganze Arbeit. Das Eis selbst schob das vorhandene Lockermaterial vor sich her, schluckte es und transportierte es weiter. Es schliff das anstehende Gestein ab, fror an Felsen fest und riss sie beim Weiterfließen aus ihrem Verbund. Die mitgeführten Gesteinstrümmer ihrerseits unterstützten und verstärkten die abschleifende Wirkung des Eises. Oberflächliches Tauwasser drang in kleine Spalten ein und sprengte den Stein, wenn es wieder gefror. Es konnte sich aber auch zu regelrechten Schmelzwasserströmen vereinen, die zwischen Gletscheroberfläche und Felswand ihrer abtragenden Arbeit nachgingen. Durch Spalten stürzten sie hinab, um dann auf ihrem subglazialen Lauf den Untergrund mit hohem Druck auszuhöhlen. Besonders wirkungsvoll wurde die Tiefenerosion der Talgletscher, wenn sie auf bereits vorhandene Geländestufen trafen. In einem mächtigen Eisfall richtete sich die gesamte Energie auf den Fuß der Stufe und konnte, wie ein Wasserfall auch, den Stufenrand nach und nach zurückversetzen, rückschreitend erodieren.

Das Ergebnis dieser glazialen Umgestaltung der alten Täler waren gewaltige Übertiefungen und zu steilwandigen Felsen umgewandelte Talhänge, so dass sich im Querprofil eine typische U-Form zeigte. Gerade in Westnorwegen nahm die Vertiefung derartige Ausmaße an, dass nach dem Rückzug des Eises das wieder ansteigende Meerwasser weit in diese Taltröge vordringen konnte und die berühmten Fjorde bildete. Der Sognefjord reicht z. B. über 200 km ins Land und hat bis zu 1500 m hohe, nahezu senkrechte Wände. Dass er außerdem noch stellenweise über 1200 m tief ist, unterstreicht die Dimensionen, in denen das Eis hier gewirkt hat. In andere Übertiefungen konnte das Meer nicht mehr eindringen, dort finden sich dann Seen, die manchmal kaum von einem Fjord zu unterscheiden sind.

Innerhalb der Trogtäler finden sich häufig Stufen von bis zu mehreren hundert Metern, die entweder Verstärkungen voreiszeitlicher Absätze sind oder Stellen, an denen sich zwei oder mehr Gletscher vereinigten. Dann wuchs die Mächtigkeit des Eises und mit ihr die erodierende Kraft. Häufig fallen aus diesen glazialen Hängetälern schöne Wasserfälle ins Haupttal.

Wo Bergspitzen aus den eiszeitlichen Gletschern herausragten, bilden schroffe Zinnen, von Kartälern angenagt, eine alpine Landschaft, die auch heute noch von Hang- und Kargletschern modelliert wird.

Wo die Eiszeiten hingegen auf sanftere Geländeformen trafen, wurden diese Gebiete weniger stark umgeformt. Hier erhebt sich das Fjell, das hügelige Bergland mit runden Gipfelkuppen und weiten Hochflächen, das etwa die Hälfte der Landesfläche bedeckt. Beim Rückzug der Gletscher konnte sich Grundmoränenmaterial ablagern, in das immer wieder große Seen eingesenkt sind. Dort finden sich oft flache Inseln aus blankpoliertem anstehendem Gestein, und auch die Ufer weisen häufig solche von den Gletschern glattgeschliffenen Felsen auf. Diese Rundhöcker bilden an der Küste die bekannten Schären.

Alte Bauernkultur

Traditionspflege hat für die meisten modernen Norweger nichts Angestaubtes, auch wenn sie im Alltag längst zu Großstadtmenschen eines Industrielandes geworden sind. Die Geschichte Norwegens ist von jahrhundertelanger Fremdherrschaft durch Dänemark und Schweden geprägt, und das Besinnen auf eigene kulturelle Wurzeln ging im 19. Jh. Hand in Hand mit dem Kampf um nationale Unabhängigkeit. Zu finden war eine ursprüngliche norwegische Kultur vor allem auf den Bauernhöfen der abgeschiedenen Talzüge, weitab der königlichen und kirchlichen Machtzentren. Hierhin wandten sich die Erforscher der norwegischen Kunst, Literatur und Lebensart zuerst, hier fanden sie Rosenmalerei, Akanthusschnitzkunst, alte Heldensagen und Märchen in wenig dänisierten Dialekten, Trachten, Stabkirchen und Volkslieder. Vor allem aber die zahlreichen, oft mehrere Jahrhunderte alten Hofgebäude selbst sind noch heute wichtige Zeugnisse der vergangenen Lebensweise.

Die traditionellen, *gard* oder *bruk* genannten Gehöfte bestehen immer aus etlichen Gebäuden, die bestimmte Funktionen erfüllen. Die *stua*, das Wohnhaus, war im Mittelalter meist ein einziger großer Raum mit offener Feuerstelle in der Mitte und Bänken an den Wänden. Später wurde die *dagligstua* oft durch eine *storstua*, eine »gute Stube« für besondere Anlässe, ergänzt, der offene Rauchfang durch einen Kamin und Fenster ersetzt. Im Obergeschoss des zweistöckigen *loft* wurden Reisende und Gäste des Hofes untergebracht, darunter befanden sich Vorratsräume. Auch der

Alte Bauernkultur

stabbur, das markanteste Hofgebäude mit seinem weit ausladenden Obergeschoss, diente als Schlafplatz, oft für die erwachsenen Kinder der Bauern. Seine Form bewährte sich besonders in schneereichen Lagen: Das schmalere Erdgeschoss schneite im Winter nicht selten komplett ein und bildete dann eine Vorratskammer mit gleichbleibender Temperatur. Hier lagerten die wichtigsten Vorräte wie Getreide, geräuchertes Fleisch, Käse und Trockenfisch. Anders als die übrigen Häuser ist der Stabbur aus senkrechten Stämmen konstruiert und oft besonders reich mit Schnitzereien verziert. Die meisten anderen Hofgebäude wurden in Blockbauweise aus waagerechten Baumstämmen errichtet. Die Balken sind an den Enden eingekerbt und in den Hausecken miteinander verzahnt, und wenn ein solches Blockhaus nicht durch Feuer vernichtet wurde, konnte es viele Jahrhunderte überdauern. Die Feuergefahr war der Grund dafür, dass man die *badstue* ebenso wie die Schmiede etwas abseits errichtete. Erstere war ursprünglich eine Sauna, doch wurden Dampfbäder unter kirchlichem Einfluss zunehmend als unsittlich betrachtet, und die Badstue verwandelte sich in eine Getreidedarre. Während sich alle Wohn- und Vorratsgebäude um den inneren Hofplatz scharten, befanden sich die Viehställe und Scheunen um einen äußeren Hof. Der Pferdestall lag dabei dem menschlichen Lebensraum am nächsten.

Zu den Bauernhöfen gehörten neben dem *innmark* genannten Kulturland die von mehreren Höfen genutzte *utmark* und auf dem für jedermann nutzbaren *allmenning* die Almwirtschaften. Diese *seter*, oft noch einmal in verschiedenen Höhenlagen nach Frühjahrs- und Sommeralm unterschieden, bestanden wiederum oft aus mehreren Gebäuden, darunter die eigentliche Almhütte — der Schlaf- und Arbeitsraum der Bewohner —, Stallung und Scheune. Diesen kleinen Ansiedlungen begegnet man beim Wandern im Fjell besonders häufig, manchmal in ihrer ursprünglichen Funktion, dann wieder zur Wanderherberge oder Gastwirtschaft umfunktioniert. Die traditionellen Bauernhöfe hingegen liegen entweder auf der Fahrt durch die Seitentäler Westnorwegens am Wege, oder man sucht sie gezielt in den Heimatmuseen in Lillehammer, Oslo oder Fagernes auf. Und die Kulisse der Verfilmung des berühmten Mittelalterromans »Kristin Lavranstochter« bei Nord-Sel an der E 6 gibt ebenfalls ein gutes Bild der alten bäuerlichen Lebensweise ab.

Klassisches Fjell

Tour 1

Rund um den Reinsvatnet bei Lillehammer

Oberhalb der Olympiastadt erstreckt sich das sanft gewellte, seengesprenkelte Hochland, das im Sommer wie Winter herrliche Tourenmöglichkeiten mit weiten Aussichten bis in die Rondane bietet.

DIE WANDERUNG IN KÜRZE

Anspruch: +

Gehzeit: 5 Std.

Länge: 16 km

Charakter: Auf gut markierten Pfaden geht es problemlos über Fjellkuppen und durch einfaches Wald- und Wiesengelände.

Wanderkarte: Turkart Lillehammer – Sjusjøen – Nordseter – Hafjell, 1 : 65 000

Einkehrmöglichkeit: keine

Anfahrt: In Lillehammer folgt man der Beschilderung zu den Olympiahallen, dort dem Nordsetervegen weiter nach Nordseter und ein Stück durch diese Feriensiedlung hindurch. Die Wanderung beginnt oberhalb der Fjellstue links der Straße bei einem abzweigenden Wirtschaftsweg (Parkmöglichkeit) und einem Schilderbaum für Wanderer (etwa 200 m vor der Mautstation).

Ein Pfeil des Schilderbaums in der Nähe der Mautstation bei **Nordseter** weist zur Pellestova; in diese Richtung geht es den Wirtschaftsweg entlang auf das Nevelfjellet zu, den ersten Gipfel auf der Rundwanderung. Kahl erhebt sich die runde Fjellkuppe aus dem locker bewaldeten Gebiet, und vielleicht kann man schon von hier unten die Gipfelhütte als dunklen Punkt ausmachen. Der Fahrweg passiert letzte Hütten der Feriensiedlung und gabelt sich nach wenigen Minuten. Zwischen den Fahrwegen ist im Gras ein Trampelpfad zu erkennen, dem man geradeaus Richtung »Nevelfjellet/Pellestova« weiter folgt, vorbei an einer Bank und bald über Planken und Trittsteine durch mooriges Terrain. Lichter Wald geht in offeneres Heide- und Grasland über; deutlich ausgetreten und zudem mit roten T markiert, leitet der Pfad bald leicht ansteigend hindurch. Nach gut 20 Min. kommen zwischen Nadelbäumen

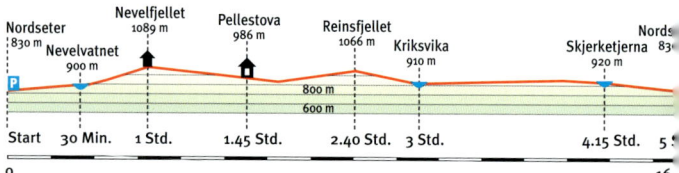

Rund um den Reinsvatnet bei Lillehammer

wieder einige Ferienhütten rechts oberhalb in Sicht, während der Blick nach links nun schon über flachere Kuppen schweifen kann.

Kurz darauf ist das Ufer des **Nevelvatnet** erreicht. Auf breitem Weg geht es zur nahen Brücke und auf ihr über den rauschenden Seeabfluss (30 Min.). Man folgt dem zunächst noch karrenbreiten Weg in Ufernähe weiter und trifft bald auf einen auffallend hohen **Schilderbaum** — offenkundig sind seine Pfeile nur für Skiwanderer richtungweisend. Die »Turkart« am Baum daneben gibt aber auch für Sommergäste einen Überblick.

In bisheriger Richtung weiter führt der Fußpfad nun wieder aus dem Wald hinaus und zu einer Weggabelung, an der die roten T die rechte Spur ausweisen. Der Gipfel des **Nevelfjellet** liegt nun direkt vor einem, und der Pfad steigt bald kräftiger an. Hat man einen großen Steinmann passiert, ist der Anstieg schon fast geschafft, die kleine **Gipfelhütte** kommt halblinks in Sicht und ist nach 1 Std. erreicht. Bei gutem Wetter wird man die spartanisch möblierte, unbewirtschaftete Wanderunterkunft kaum benutzen, denn viel schöner ist es, draußen den Blick über die Weite des Fjells schweifen zu lassen. Nach Norden sind die grauen, rundkuppigen Rondaneberge zu sehen, und nicht selten kann man weiter westlich auch die oft schneemarmorierten Bergzüge von Jotunheimen ausmachen. In näherer Umgebung dominiert der große Reinsvatnet, und jenseits die-

Rund um den Reinsvatnet bei Lillehammer

Am Nevelvatnet

ses Sees ist der Rücken des Reinsfjellet gut zu identifizieren, über den die Wanderung später führen wird. Doch zunächst geht es zum See wieder bergab. Man wählt den rechteren, Richtung Pellestova beschilderten Weg, der eine Weile parallel zu den Loipenstangen der Winterroute verläuft und auf die kleine Ansiedlung zuhält. Zwei kleinere Seen, in moorges Grünland gebettet, liegen zwischen ihr und dem Reinsvatnet. Unweit des ersten wird ein Fahrweg gequert, die Wanderroute leitet hinunter in die grüne Senke, vorbei an einigen umzäunten Grundstücken und wieder ein paar Meter hinauf zu einem zweiten Fahrweg, dem man noch etwas bergan zu einem Straßen-T folgt (1.45 Std.). Rechts steht ein nächster Schilderbaum, der den weiteren Wanderweg Richtung »Kriksvika over Reinsfjellet« im spitzen Winkel zurück weist. Jenseits der Straße liegt die **Fjellstue Pellestova,** sie wurde jedoch aufgegeben – 1,5 km westlich liegt ein neues Hotel abseits der Wanderroute.

Vom Schilderbaum geht es auf dem Pfad Richtung Kriksvika wieder hinunter in die Senke mit den beiden kleinen Seen, wobei ein Abzweig zum Okstjørnet rechts liegen bleibt. Der schilfgesäumte Malmtjørnet wird nach 2 Std. auf einem kleinen **Staudamm** passiert, kurz danach

gabelt sich die Spur beim Schild »Saltbakken«. Man hält sich links und quert kurz darauf die Fahrstraße. Jenseits geht es dem Pfeil Richtung Djupsli nach; mäßig ansteigend, erreicht man bald einen Abzweig, an dem es nach rechts nun direkt auf den Gipfel des länglichen Fjellrückens **Reinsfjellet** zugeht. Bei einer nächsten Gabelung sind beide Wege möglich, der linke jedoch verläuft aussichtsreicher entlang der Bergflanke, während der rechte einige moorige Tümpel passiert. In jedem Fall hat man die Gipfelsteinmänner nach 2.40 Std. erreicht und blickt wieder auf den Reinsvatnet, nun mit dem Nevelfjellet dahinter.

In sanftem Neigungswinkel führt die Tour nun wieder bergab, die schmale, längliche Bucht Kriksvika liegt bald deutlich voraus. Der Weg taucht kurzzeitig wieder in Wald ein und erreicht nach 3 Std. die Fahrstraße Pellevegen nahe der **Kriksvika.** Bei sonnigem Wetter ist die Bucht mit ihrem flachen, begrünten Ufer und den dort aufgestellten Picknicktischen eine beliebte Badestelle, die man auf dem unbeschilderten Fahrweg gegenüber erreichen kann.

Es geht nach links nur ein kurzes Stück auf der Straße entlang, bis der markierte Wanderweg wieder nach links abzweigt. Er führt am niedrig bewachsenen Hang jedoch parallel zum Fahrweg, trifft einige Minuten später schon wieder auf diesen und folgt ihm weiter. Ein größeres Verkehrsaufkommen ist hier aber nicht zu befürchten. Ein paar Ferienhäuser werden bei **indre Reina** passiert, eine Bachsenke gequert, und dort, wo der Fahrweg bergan deutlich nach links schwenkt, markiert ein Wegweiser wieder eine Alternative. Halbrechts führt diese mit »Nordseter« beschilderte Pfadspur um eine flache Halbinsel herum, die sich in den Reinsvatnet schiebt, und erreicht jenseits die wenigen Häuser von **ytre Reina** (3.30 Std.). Man überquert die Brücke und verlässt die Straße an der direkt dahinter gelegenen Parkbucht (Fiskaplads for Handicappede) nach links. Die parallel zur Straße verlaufende Wanderspur sollte spätestens nach ein paar Metern deutlich erkennbar sein. Sie führt zu einem nächsten Wegweiser und ist ab hier auch wieder mit den vertrauten roten T eindeutig markiert. Zwischen den verstreut liegenden Feriengrundstücken mit ihren roten Holzhäuschen und geschotterten Zufahrten führt sie zuverlässig weiter Richtung Nordseter. Man passiert eine links unterhalb gelegene sumpfige Senke und trifft bei einem **Gehöft** nach 3.45 Std. erneut auf einen Wirtschaftsweg. Auf diesem geht es leicht ansteigend über den flachen Rücken des **indre Nysæterhøgda** hinweg und dann zügig bergab. Unten wird mit der Straße nach rechts die kleine Ansiedlung von **Nysætra** durchquert, bis hinter dem letzten Grundstück der Wanderpfad wieder nach links ins Gelände abbiegt und über ein kleines Sumpfstück hinweg auf den nächsten flachen Hang zuhält. Im Feuchtland gabeln sich die Fußspuren etwas, so dass man nach den Markierungen Ausschau halten sollte. Bald ist der Weg wieder eindeutig und führt nun eine Weile durch stille Heidelandschaft dahin.

Nach 4.15 Std. quert man in einer kleinen Senke den Bach über einige Holzbohlen und dahinter eine Fahrspur. Kurz darauf kommen in einer nächsten Senke zwei kleine Tümpel, die **Skjerketjerna**, in Sicht, die beiderseits der Wanderroute liegen. Am Ufer des größeren, rechts gelegenen geht es nun ein Stück entlang, im lichten Wald trifft man dann auf einen nächsten Wegweiser und wandert geradeaus weiter. Wenn die Spuren sich zwischendurch noch einmal gabeln, sind beide Pfade richtig, denn ein kurzes Stück weiter laufen sie wieder zusammen. Nach rechts öffnet sich das Gelände nun wieder. Vom nur wenig höheren Hang des Nordseterfjellet blickt man über die Ebene mit Raudtjernet und Nevelvatnet hinweg auf das Nevelfjellet, und links daran vorbei ist vielleicht auch wieder der Bergzug von Jotunheimen auszumachen.

Nach 4.45 Std. passiert man ein letztes Schild, das geradeaus Richtung Nordseter weist, dann führt der Pfad auch schon dorthin abwärts, genau auf die Rückseite des **Hotels Nevra** zu. Noch einmal ist eine kurze Moorpassage zu bewältigen, dann erreicht man bei einer Hütte eine breite Spur, die sofort in die Zufahrt eines links gelegenen Hauses mündet, und wendet sich auf ihr rechts bergab. Unter einem Schlepplift hindurch und dann parallel zur Hauptstraße Pellevegen gehend, erreicht man diese dann nahe der Mautstation. Nach einem letzten kurzen Stück auf der Straße nach links ist nach 5 Std. am Ausgangspunkt die Fjellrunde geschlossen.

Überraschende Aussichten

Von Venabu zur Schlucht des Dørfallet

Inmitten des leicht hügeligen Ringebufjells beginnen Bäche sich ihren Weg zum Gudbrandstal zu graben und bilden dabei spektakuläre Schluchten und Wasserfälle, zu denen die Wanderung führt.

DIE WANDERUNG IN KÜRZE

++ Anspruch

5 Std. Gehzeit

15 km Länge

Charakter: Breit ausgetretene, gut beschilderte Pfade erschließen das leichte Gelände. Für den steinigen Abstecher zum Myfallet braucht man etwas Trittsicherheit.

Wanderkarte: Turkart Ringebu, 1 : 50 000

Einkehrmöglichkeit: Foråstadsætra

Anfahrt: Nahe Ringebu zweigt die Straße Nr. 27 von der E 6 ab, auf ihr fährt man vorbei an der Feriensiedlung Venabygd und der Fjellkapelle bis zum Fjellhotel Venabu, an einem kleinen See gelegen. Parkmöglichkeit an der rechten Straßenseite, gegenüber der Hotelzufahrt.

Vom Parkstreifen beim **Fjellhotel Venabu** führt ein Trampelpfad neben der Straße zu einem Wegweiser zu den beiden Wasserfällen Myfallet und Dørfallet und dann weg von der Straße über Planken durch ein kleines Moorstück. Nach wenigen Minuten befindet man sich auf einer breiten, teils recht steinigen Wanderspur in bewaldetem Gebiet, in dem hier und da eine Ferienhütte zu sehen ist. Nach 15 Min. quert der Wanderweg die Zufahrt zu einem Haus und gabelt sich; es geht geradeaus weiter Richtung Wasserfälle. Dennoch ist die Stelle einen näheren Blick wert, denn hier wird sich später die Runde schließen: Nach links, wo der nur wenige Meter entfernte, für die motorisierte Öffentlichkeit gesperrte Fahrweg nach Myen verläuft, weisen Schilder nach Spidsbergseter und Foråstadseter (Foråstadsætra). Von dort wird man dann zurückkommen. Der Wanderpfad führt wieder in den Wald und gabelt sich einige Minuten später; ein Pfeil weist nach links die weitere Richtung. Bei einer zweiten Gabelung kurz dahinter ist das rote T, das geradeaus weiterleitet, nur schwer zu erkennen.

Der Weg führt nun bergab, während das Rauschen von Wasser vernehmbar wird. Nach 30 Min. sieht man den Verursacher in einer sanften Talsenke vor sich: Die Mya fließt hier noch recht zahm unterhalb des Almhofes von **Myen** durch die Wiesen und wird auf der Brücke überquert. Dann folgt man dem Fahrweg leicht aufwärts und um die Hofgebäude herum. Zwei abzweigende Wanderpfade Richtung Dørfallet/Veslefjellet werden erst einmal links liegen gelassen, denn das erste Ziel

Von Venabu zur Schlucht des Dørfallet

soll der **Wasserfall der Mya** sein, zu dem es geradeaus geht (Schild). Nach 45 Min. hat man dann bei einer Gabelung die Qual der Wahl: erst den Fall bei »Utsikt« in voller Höhe bewundern oder sofort bei »Fossen« an seinem Fuß stehen.

Wir beginnen mit der Gesamtansicht. Dazu geht es geradeaus, über einen schmalen Seitenbach hinweg und auf gutem Waldpfad weiter, vorbei am Abzweig nach Jønhalt, bis die Spur deutlich nach rechts bergab Richtung »Utsikten« (= Aussicht) führt. Schon von dieser Stelle erahnt man nach 1 Std. die Ausmaße des Falles, ein paar Meter den recht steilen Hang hinunter wird das Panorama am »offiziellen« Aussichtspunkt mit Geländer aber noch besser: In etlichen hohen Stufen kommt der Bach aus einer felsigen Kerbe und dann über senkrechte Wände an die 100 m in die bewaldete Schlucht heruntergestürzt; ein beeindruckendes Schauspiel. Ganz hinunter zum Fuß des Myfallet kommt man allerdings nicht, denn unten sind auch diesseits Steilhänge. Deshalb heißt es auf demselben Weg zurück zur Gabelung zu gehen und dort nun zum »Fossen« nach links. Steil und recht unwegsam ist dieser kurze Abstieg, doch lohnend. Unten steht man im Felsenkessel direkt vor dem herunterdonnernden Wasserschleier der Mya (1.30 Std.), die beim Aufprall auf einige mächtige Felsbrocken auseinanderstiebt, um dann aus dem flachen Teich als ruhiger Bach um Felsnasen herum talabwärts zu verschwinden.

Wieder oben an der Gabelung geht es nach 1.45 Std. zurück Richtung Almhof, wo man nun dem ersten Schild zum Dørfallet nach rechts folgt. Der Pfad verläuft durch sanft ansteigendes Heideland und vereint sich bald mit weiteren, von links kommenden Spuren zu einem breiten Wanderweg. Dann taucht links der nur wenig entfernte, niedrige Fjellrücken Veslefjellet auf, über den die Wanderung später führen soll, während in Laufrichtung voraus der markante runde Kegel des Muen die Blicke auf sich lenkt. Er dominiert das nur sanft gewellte Ringebufjell auf eine weite Strecke.

Man erreicht eine Kreuzung. Nach halblinks ist schon der Weg zum Veslefjellet ausgeschildert, doch zuerst soll es nach halbrechts zum Dørfallet gehen. Die Spuren geradeaus führen ins Moor und werden ignoriert. Noch ist vom Wasserfall keine Spur zu sehen, doch allmählich wird voraus eine Vertiefung im flachen Gelände erkennbar. Beim Näherkommen (2.20 Std.) erweist sie sich als erster Arm eines Schluchtensystems, das von der Døra und ihren Nebenbächen gebildet wird. Es lohnt sich, ein Stück vom Weg abzugehen und dem Schluchtrand nach rechts bis zu einem markant aufragenden **Steinmann** zu folgen. Er bezeichnet die Stelle, an der die Querschlucht mit dem Gråbekken ins Haupttal mündet. Auf diesem Abschnitt sind

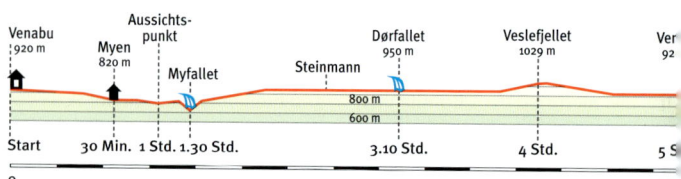

Von Venabu zur Schlucht des Dørfallet

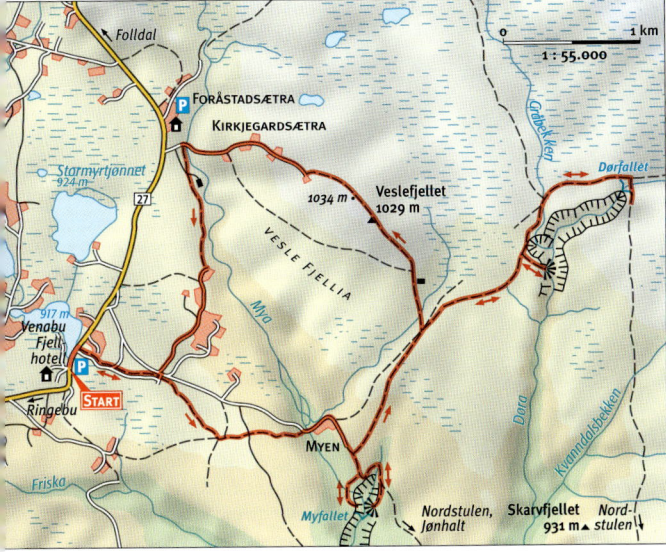

die Felswände besonders schroff und zerklüftet, und es bieten sich spektakuläre Einblicke in die Tiefe. Hinter dem Steinmann geht die Schlucht in ein tiefes V-Tal über.

Zurück am Wanderweg, geht es am oberen Ende der Querschlucht vorbei. Die Spuren teilen sich hier auf, und man hält sich rechts, um möglichst gute Blicke in die folgenden Steilwände zu haben. Senkrecht und schmal haben hier subglaziale Bäche während der Eiszeiten das Gestein ausgefräst. Wo der Seitenbach **Gråbekken** hinunterfällt, bilden die flachen, glattgeschliffenen Felsplatten oberhalb schöne Raststellen. Bachaufwärts erreicht man den Hauptwanderweg gleich wieder und quert den Gråbekken nun auf ein paar Steinen. Ein Schild weist zudem den richtigen Weg zum **Dørfallet**. Für kurze Zeit verschwinden die Abgründe wieder aus dem Blickfeld und sanftes Grünland dominiert, dann trifft man nach 3 Std. auf eine **Gabelung** und hält sich rechts. Der schmale Pfad erreicht schnell den Bach Døra, den man auf einer schmalen Brücke überquert. Jenseits liegen weitere schöne Pausenplätzchen auf blanken Felsen, vor denen der Bach noch uneinsehbar in der Tiefe verschwindet. Man muss also durch das Grünland etwas weiter hangabwärts gehen, um von einem grasigen Vorsprung zurück in das Schluchtende mit dem Wasserfall blicken zu können. Eng zwängt sich der Wasserlauf zwischen die Felsen und stürzt als schmales weißes Band tief in den dunklen, moosbewachsenen Talschluss.

Es geht zurück über die Brücke, zur Gabelung und auf demselben Weg bis zum **Gråbekken** (3.30 Std.), doch bleibt man ab dort nun auf der beschilderten Hauptspur, die in größerem Abstand von der Schlucht verläuft. Ein etwas weiter rechts führender, unbeschilderter Weg scheint noch direkter auf das nächs-

Von Venabu zur Schlucht des Dørfallet

Myfallet

te Ziel, den **Veslefjellet,** zuzusteuern, ist aber wegen einer langen Moorpassage sehr nass und daher nicht zu empfehlen.

Man folgt also der Beschilderung, die das Moor umgeht, und trifft nach 3.45 Std. auf den Abzweig zu der nur wenig höheren Aussichtskuppe. Vorbei an einer Hütte geht es nun direkt hinauf, die letzten Meter etwas steiler durch niedrige Gipfelfelsen. Oben ist nach gut 4 Std. ein hoher **Steinmann** erreicht, von dem sich ein unverstellter Rundumblick bietet. Deutlich sind die schon besichtigten Talkerben zu erkennen, die sich in das hügelige Fjell gegraben haben, und in die andere Richtung reicht das Panorama bei guter Sicht bis zum Bergmassiv von Rondane und zu den schneegefleckten Gebirgsketten von Jotunheimen. Auch die Straße und das Hotel Venabu sind unschwer zu identifizieren.

Man folgt dem Fjellrücken weiter zu einem kleineren Steinmann, dann geht es bald gemächlich bergab und auf die Straße zu. Bald mündet die Spur bei einer grasbedeckten Hütte in einen geschotterten Fahrweg, ein abzweigender Pfad wird passiert, die Brücke überquert, und kurz vor der Hauptstraße, an der sich be **Foråstadsætra** vielleicht eine letzte Rast anbietet, biegt der Wanderweg nach Venabu wieder links ab und passiert ein größeres Anwesen, das etwas links der Route liegt (4.30 Std.). Mit Aussicht auf den bewaldeten Hang des Bachtals und den Veslefjellet darüber geht es auf der bald karrenbreiten, stark überwachsener Spur auch diesseits in Wald hinein. Die Spur trifft bald auf einen Fahrweg, an dem das Schild »Venabu« nach rechts weist. Auf dem Fahrweg gelangt man zehn Minuten später zu einer etwas versetzten Kreuzung; dort links und sofort wieder rechts gehend, erreicht man die Stelle, an der die Runde sich schließt: Nach rechts auf nun wieder bekanntem, breit ausgetretenem Wanderweg erreicht man nach gut 5 Std. den Ausgangspunkt bei **Venabu.**

Klassische Rondane-Bergtour

Auf den Storronden

Schon auf dem Weg zum Fjellhotel Rondvassbu liegen die eindrucksvollen Berge von Rondane wie mächtige graue Riesenrücken voraus. Doch erst vom Gipfel eröffnet sich der Blick in die steil gekerbten Karwände, in denen die Berge nach Norden jäh abbrechen.

DIE WANDERUNG IN KÜRZE

++
Anspruch

6.30 Std.
Gehzeit

1060 m
An-/Abstieg

Charakter: Ein bequemer Spaziergang ist die Etappe bis Rondvassbu. Der Aufstieg zum Storronden ist zwar ungefährlich, aber steinig und erfordert Trittsicherheit und Kondition. Etappenweise geht es mal steiler, mal flacher den breiten Rücken hinauf, wobei der eigentliche Gipfel sich lange den Blicken entzieht.

Wanderkarte: TK 1 : 50 000, Blatt 1718 I, Rondane

Einkehrmöglichkeit: Rondvassbu

Anfahrt: Bei Otta verlässt man die E 6 in Richtung Mysuseter, von dort führt ein »Bomveg« weiter zum Parkplatz Spranget. Die Etappe von Spranget nach Rondvassbu ist gut zum Fahrradfahren geeignet, was die beschriebene Strecke zeitlich abkürzt. Fahrräder können in Mysuseter geliehen werden, jedoch ist die Straße von dort nach Spranget recht steil.

Am **Parkplatz Spranget** folgt man dem rechten von zwei mit Schranken versperrten Fahrwegen. Bequem verläuft er am rechten Hang des sanften Bachtals des Store Ula, der weit drinnen in der Rondane den Rondvatnet entwässert. Die Bergkulisse ist voraus besonders eindrucksvoll, denn dort erheben sich die grauen Kuppen gut 1000 m über das sonst nur hügelige Fjell. Auf dem Fahrweg tummeln sich an sonnigen Sommerwochenenden zahlreiche norwegische Familien mit Kind und Kegel, denn der gemütliche Spaziergang nach Rondvassbu ist zu Recht ein beliebter Ausflug, den man zu Fuß oder auch mit dem Fahrrad macht.

Nach gut 30 Min. kommt von einer sanften Kuppe, zu der der Weg hinaufschwingt, das Fjellhotel in Sicht. Die rostroten Holzgebäude liegen von hohen Bergflanken eingerahmt in einer Senke, und erst beim Näherkommen und genauen Hinsehen erkennt man dahinter den dunklen, schmalen **Rondvatnet.** Seine Wasserfläche wird meist von den Bergen beschattet und spiegelt dann statt des blauen Himmels die grauen Felsmassen wider.

Auf den Storronden

Blick vom Storronden

Nach 1 Std. führt der Fahrweg leicht bergab und erreicht wenig später eine Brücke. Kurz dahinter weist ein Schild rechts nach Bjørnhollia — eine erste Möglichkeit, den Weg zum Storronden einzuschlagen. Bei den Häusern von **Rondvassbu** beginnt der »offizielle« Einstieg; er

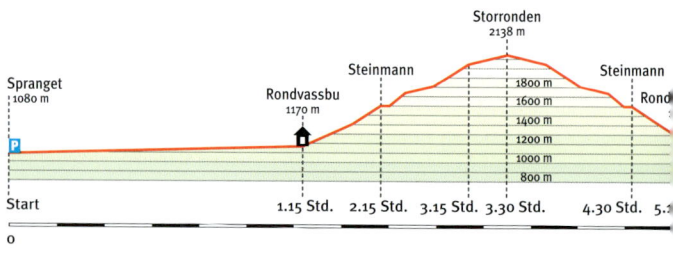

Auf den Storronden

einem Wegweiser zusammen, und man folgt der Beschilderung zum Rondslottet. Die Wanderspur ist im hier noch bewachsenen Gelände breit ausgetreten und zudem mit den roten T des norwegischen Wandervereins markiert. Sie steigt in moderatem Winkel auf dem weiten Hang an, über den hinweg rechts das Illmanndalen und links der Rondvatnet zu sehen sind.

Nach einer Weile wird das Gelände steiler und die Route gabelt sich (1.50 Std.): Man folgt dem rechten Schild zum Storronden. Der Bergrücken wird nun steiniger, die Spur passiert einen halbrunden, aus Felsbrocken gebauten Windschutz und erreicht auf einer kleinen Vorkuppe einen markanten **Steinmann** auf einer Felsplatte (2.15 Std.). Hier bietet sich nun schon eine neue Aussicht in den steilen Talschluss, der den Bergrücken nach links begrenzt. Auch der Blick zurück über das Vorland der Rondane und das Ula-Tal ist lohnend.

Wenige Meter abwärts geht es durch eine flache Senke, dann wieder deutlich bergauf und zu einem nächsten ebenen Absatz. Von hier ist der weitere Aufstieg weitgehend zu überblicken. Er wirkt im oberen Bereich ausgesprochen steil, die Gesteinsscherben liegen aber recht stabil und die Route ist eindeutig markiert, so dass man sicher hinaufkommt.

ist jedoch in den ersten Metern ausgesprochen steil. Egal für welche Variante man sich entscheidet, nach einigen Minuten laufen beide bei

Wenn dieses letzte Steilstück nach etwa 3.15 Std. bezwungen ist, ist es nicht mehr weit. Über stufige Absätze steigt das Gelände nur noch sanft an, und nach 3.30 Std. steht man am Gipfelsteinmann des **Storronden** auf 2138 m. Die Aussicht von hier ist es, die so zahlreiche Wanderer auf den steinigen Berg lockt. Er bricht hier in einer halbrunden, steilen Felswand zum gut 600 m tiefer

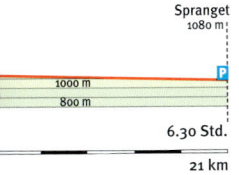

Auf den Storronden

gelegenen Kartal Langbotn ab. Firnfelder und ein kleiner See setzen leuchtende Akzente in den dunklen Felsboden. Steil und schroff wirkt auch das umliegende Gebirge, in dem die beiden Gipfel des Vinjeronden und des Rondslottet halblinks an den Storronden grenzen.

Zurück geht es auf derselben Route, und auch bergab muss man seine Schritte sorgfältig setzen, denn das grobe Geröll verzeiht keine Nachlässigkeit. Nach 4.30 Std. passiert man den **Steinmann** am ersten Vorgipfel, bald darauf kommt die Spur vom Rondslottet hinzu und das Gelände wird erdiger. Am Wegweiser nach Bjørnhollia hat man wieder die Wahl, rechts zum Fjellhotel abzusteigen und dort einzukehren oder geradeaus gleich auf den Fahrweg zurück nach Spranget zuzuhalten. Nahe der Brücke geht es im zweiten Fall die letzten Meter hinunter, und nach etwa 5.15 Std. hat man nun wieder ebenes Gelände unter den Füßen und die bereits bekannte Fahrspur vor sich. Wer nicht in Rondvassbu übernachtet oder mit dem Fahrrad gekommen ist, erreicht den Ausgangspunkt **Spranget** wieder nach 6.30 Std.

Almidyll und Schluchterkundung

Nach Bjørnhollia und ins Skjerdalen

Aus dem weiten Atnadalen steigt der Weg zum Almgebiet am Ostrand von Rondane auf, wo die malerische Wanderhütte Bjørnhollia zu einer Rast einlädt. Nicht weit entfernt eröffnen sich im Skjerdalen spektakuläre Einblicke in eine Klamm.

DIE WANDERUNG IN KÜRZE

Anspruch: ++

Gehzeit: 5.30 Std.

Länge: 17 km

Charakter: Problemlose Wanderung auf guten, deutlich markierten Pfaden. Die Anstiege verteilen sich. Im Skjerdalen kommt man jedoch nur pfadlos voran und braucht etwas Trittsicherheit.

Wanderkarte: TK 1 : 50 000, Blatt 1818 IV, Atnsjøen

Einkehrmöglichkeit: Bjørnhollia

Anfahrt: Von Süden kommend, in Ringebu von der E 6 auf die Straße Nr. 27 abbiegen, auf dieser 54 km ins Atnadalen bis Straumbu fahren. Links der Straße liegt ein Parkplatz für Wanderer. Von Norden erreicht man ihn so: Bei Hjerkinn auf die Straße Nr. 29 nach Folldal, dort geht es rechts ab auf die Nr. 27, auf dieser bis Straumbu.

Vom **Parkplatz Straumbu** geht es über eine Brücke auf die andere Seite der Atna hinüber und auf dem markierten Pfad Richtung Bjørnhollia über den flachen, bewaldeten Talboden. Ein paar Seitenbäche werden bald gequert, wobei teils Holzbohlen helfen. Der Weg hält auf einen recht steilen Hang zu, auf dem es in einigen Kehren hinaufgeht. Oben eröffnet sich nach 15 Min. ein erster guter Ausblick über das weite Atnadalen, an dessen jenseitigem Hang das Gehöft Straumbu inmitten üppiger Wiesen liegt. Im nur leicht ansteigenden Gelände geht es nun bequemer voran, Wald hat hier Grünland Platz gemacht, ein kurzes Stück verläuft die Wanderroute auf einer alten Fahrspur, verlässt sie aber bei einem verwitterten Holzstapel wieder. Ein kleines Moorgebiet wird auf einigen Trittsteinen überwunden, dann nimmt der Baumbewuchs wieder zu, und man wandert zwischen den ersten knorrigen Kiefern hindurch auf dem felsigen Pfad wieder etwas deutlicher hangaufwärts. Etappenweise geht es zum **Musvolkampen** hinauf, dessen runde Kuppe halblinks der Wanderroute liegt. Halbrechts kommen allmählich die ersten Rondaneberge in Sicht, die das weite Langglupdalen begrenzen. Nach 1.15 Std. ist auf knapp 1000 m der höchste Punkt erreicht, und rechts ist nun auch der Blick hinunter in das steile Flusstal Myldingsgjelet frei. Tief schneidet der Bach dort in die Hänge ein, doch seine Schlucht kommt erst kurz vor Bjørnhollia ganz in Sicht. Dorthin

Nach Bjørnhollia und ins Skjerdalen

fällt die Route nun bald zügig ab, die alten Setergebäude liegen hübsch in einer weiten Senke vor dem tief in die Rondane einschneidenden Illmanndalen und nahe einem kleinen See. Vorbei am Hof **Gammelseter** und auf einem Zufahrtsweg geht es über die Brücke, dann ist die **Wanderherberge Bjørnhollia** nach 1.45 Std. erreicht. Liebliche, kleingliedrige Landschaft aus Felsbrocken und Birken umgibt das malerische Anwesen, das noch seinen Almcharakter bewahrt hat. Ein paar Ziegen weiden meist in der Nähe, und die gras-

gedeckten Holzhäuser auf dem von niedrigen Feldsteinmauern eingefassten Hofgelände würden auch jedem Freilichtmuseum zur Zierde gereichen. Eine Rast in dem schönen alten Haupthaus oder auf den Bänken davor bietet sich in jedem Fall an, entweder sofort oder nach der Rückkehr aus dem **Skjerdalen.**

Ab der Brücke wendet man sich statt nach links (Straumbu) nur nach rechts und folgt dem rot markierten Trampelpfad flussaufwärts in dicht bewaldetes Gelände hinein. Ab und zu fällt der Blick rechts auf das wassergefüllte Tal, zu dem der Fluss sich hier verbreitert, und nach einer Weile liegt dieser See, von steilen Klippen hübsch umrandet, direkt neben der Route. Dann wendet sie sich nach links von ihm weg und hangaufwärts. Ein kurzer, steiler Anstieg endet oberhalb auf flachem, licht bewaldetem Terrain, durch das es am Rand des Tals nun quasi eine Etage höher weiter entlanggeht. Über das Tal hinweg wird bald ein markanter Wasserfall in schroffer Kerbe sichtbar, eine Lichtung mit verfallenem Schafstall wird passiert, nach 2.30 Std. führt die Spur wieder ins Tal hinunter und dort nach links. Der Wasserlauf ist zuerst unter den Geröllstücken verborgen, tritt dann in kleinen Gumpen und tiefen, klaren Tümpeln zutage, verwunschen von Felsbrocken, Birken, dicken Moospolstern und Wiesenblumen umrahmt. Man muss selbst ausprobie-

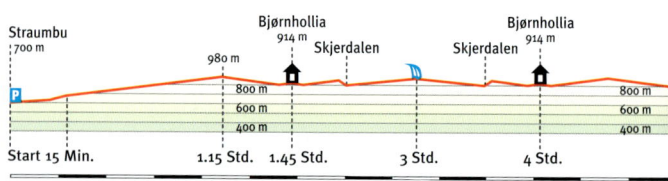

Nach Bjørnhollia und ins Skjerdalen

Das malerische Anwesen Bjørnhollia hat seinen Almcharakter bewahrt

ren, wie weit man in diesem engen Kerbtal vorankommt. Nach etwa 3 Std. steht man vor einem Abhang aus mächtigen Felsblöcken, an dem das Flüsschen herabstürzt. Daneben zeigen rote Markierungen an, dass es an ihm entlang hinaufgehen soll. Wer den Markierungen über das Blockfeld hinauffolgt, gelangt in eine höher gelegene Kerbe, doch nach weiteren Bachquerungen und glitschigen Passagen dicht an nassen Felswänden sollte man die Erkundung abbrechen. Vom Wasserfall, bis zu dem sich die Wanderung in jedem Fall lohnt, geht es auf derselben Route nach **Bjørnhollia** zurück (4 Std.). Von dort wandert man, ebenfalls auf dem schon bekannten Weg, am Musvolkampen entlang wieder hinunter ins Atnadalen, wo man nach 5.30 Std. den **Parkplatz Straumbu** wieder erreicht.

Rondane

Das Rondane-Gebiet besteht aus eiszeitlich geprägtem, nährstoffarmem Fjell zwischen gut 1000 und 2000 Höhenmetern und war nie besiedelt. Rentierjäger durchstreiften es jedoch schon in der Steinzeit. Sagen und Märchen von Jägern, Tieren und Trollen ranken sich um die Rondane, darunter auch die von Peter Christen Asbjørnsen gesammelten Geschichten »Rentierjagd in der Rondane«. Peer Gynt spielt darin eine Hauptrolle, und Henrik Ibsen benutzte diese Quelle für sein Drama.

1962 wurde das Gebiet als erstes in Norwegen unter Naturschutz gestellt und erhielt 1970 den Status eines Nationalparks. Die Vegetation ist karg, vielfach beleben nur Flechten die Hänge. Doch ist der Park trotz seines zunächst eintönig wirkenden Landschaftsbildes eines der beliebtesten Wandergebiete Norwegens. Vielleicht muss man vom Rondhalsen oder Storronden über die Kuppen geblickt haben, wenn Wolken die Hänge mit ihren Schattenspielen marmorieren, vielleicht das Skjerdalen erkundet haben, um von dieser Region fasziniert zu werden.

Wege nach Rondvassbu

Von Dørålseter über den Rondhalsen

Aus sanft gewelltem Fels- und Moränenterrain ragen die Bergkuppen im Zentrum von Rondane gut 1000 m auf. Mitten dazwischen liegt der schmale See Rondvatnet und an seinem Südufer die Wanderhütte, an der alle Wege der Trekkingregion zusammenlaufen.

DIE WANDERUNG IN KÜRZE

Anspruch: +++

Gehzeit: 8 Std.

Länge: 30 km

Charakter: Einfach bis zum Rondvatnet; unterwegs muss ein Bach gefurtet werden. Der Anstieg zum Rondhalsen ist steil. Dem Untergrund entsprechend sind die mit T markierten Wanderwege meist steinig. Der Rückweg beginnt mit der etwa halbstündigen Bootsfahrt über den Rondvatnet.

Wanderkarte: TK 1 : 50 000, Blatt 1718 I, Rondane

Einkehrmöglichkeit: Fjellhotel Rondvassbu

Anfahrt: Der Zugang zum Ausgangs- und Endpunkt der Wanderung erfolgt von der östlichen Seite des Nationalparks. Von Süden: In Ringebu von der E 6 auf die Straße Nr. 27 abbiegen, auf dieser bis ins Atnadalen fahren. Gute 10 km hinter Straumbu biegt der Fahrweg nach Dørålseter links ab und endet bei dieser Wanderhütte. Von Norden: Bei Hjerkinn auf die Straße Nr. 29 nach Folldal, dort geht es rechts ab auf die Nr. 27. Kurz hinter dem Pass ist nach etwa 12 km der Abzweig nach Dørålseter erreicht.

Hinweis: Die Fähre verlässt Rondvassbu im Juli und August tägl. um 9 und 16 Uhr, jenseits legt sie etwa 30 Min. später wieder ab.

Hinter dem Namen Dørålseter verbergen sich zwei verschiedene Hüttenanlagen. Die Wanderung beginnt an der weiter oben im Tal liegenden **Hütte Øvre Dørålseter**. Direkt bei der Rezeption steht vor dem Gebäude ein Hinweisschild, das u. a. hangabwärts das Ziel der Wanderung, Rondvassbu, anzeigt. Nach wenigen Metern führt ein Steg über einen Bach, und schon von weitem ist ein deut-licher Pfad hangaufwärts zu erkennen, dem man jedoch *nicht* folgt. Man wendet sich vielmehr hinter dem Steg nach links und folgt einer Spur neben dem Bach hangabwärts. Nach knapp 10 Min. kommt der Weg aus der unteren Hüttenanlage hinzu (Wegweiser), dann wird auf Steinen noch ein kleiner Bach überwunden, und bei einem weiteren Hinweisschild geht es nach links zur **Atna**. Dieser Fluss wird bald auf einer Brücke überquert, und dann folgt man ihm nach rechts, vorbei am steil aufsteigenden Abzweig zum Høg-

Von Dørålseter über den Rondhalsen

ronden; kurz darauf geht es unmittelbar an der Atna entlang, die sich hier mehrere Meter tief in den Untergrund eingegraben hat. Der Hauptwanderweg verlässt diese sehenswerte Schlucht schnell wieder, es lohnt sich jedoch, ihrem Rand noch etwas weiter zu folgen, denn hier sind schöne Strudeltöpfe, kleine Wasserfälle und Stromschnellen zu sehen. Der markierte Weg bleibt in Sichtweite, und man kehrt spätestens am Nebenbach **Bergedalsbekken** bei einer Furtstelle wieder auf ihn zurück. Je nach Wasserführung wird man das Gewässer auf Steinen überwinden oder durchwaten müssen. Der Weg steigt kurz bergan; von hier sind deutlich die verschiedenen Lagen von Flussterrassen zu überblicken, die die Gletscherzunge der letzten Eiszeit in diesen Bereichen hinterlassen hat. Vor etwa 10000 Jahren lag ein mächtiger Eiswulst im heutigen Flusstal und versperrte den riesigen Schottermassen, die nach dem Abschmelzen der höheren Eisbedeckung zurückblieben, das Abfließen ins Tal.

Dann ist nach 1 Std. eine **Weggabelung** erreicht, wo ein Pfad halbrechts über das Hochtal Langholet ebenfalls nach Rondvassbu führt. Dieser schwierige Weg verläuft allerdings über einen vergletscherten Pass von 1750 m Höhe. Man hält sich also auf der Spur zur Linken, die nach und nach immer breiter wird. Wie bei anderen vielbegangenen Wegen des DNT ist die Bodenkrume dem Wechsel der starken Benutzung mit intensiven Regenfällen nicht gewachsen, so dass die Pfade schnell auswaschen, ausgesprochen steinig werden und damit entsprechend mühsam zu begehen sind. So weichen die Wanderer immer wieder seitlich aus, wenn sie wie hier die

Möglichkeit haben. Die Konsequenz ist eine bis zu 30 m breite Schneise, die sich durch die kärglich bewachsene Landschaft zieht. Dafür entschädigen die großartigen Ausblicke

Von Dørålseter über den Rondhalsen

auf die Steilwand des Rondslottet und die Hochtäler und Kare am Veslesmeden, die allmählich näher rücken.

Nach 1.30 Std. wird der Weg ebener, und voraus ist schon die Aufspaltung des Bergedalen in das Langglup- und das Rondvassdalen zu sehen. Es geht noch einmal kräftig hinunter zu einem kleinen See und dahinter gleich wieder aufwärts. Kurz darauf macht der markierte Weg einen deutlichen Bogen nach rechts, den man leicht übersehen kann, denn eine Spur, die geradeaus weiterführt, ist viel deutlicher zu erkennen. Beide treffen nach 2 Std. dort wieder zusammen, wo ein Pfad nach Bjørnhollia links abzweigt. Zwei größere und viele kleinere Seen liegen hier inmitten von sanft gerundeten Hügeln, die durch das Eis als Endmoränenlage zwischen den steilen Berghängen aufgeschüttet wurden und das Tal regelrecht abschließen. Der Weg lässt sich wieder wesentlich besser begehen. Man befindet sich nun schon im Rondvassdalen, dessen steile Wände sich immer dichter zusammenschieben. Ein weiterer Weg nach Bjørnhollia (für die Wanderer von Rondvassbu) zweigt ab, dann taucht voraus der **Rondvatnet** auf, nur ca. 300 m breit, aber von mehr als doppelt so hohen Wänden eingeschlossen. Auf dem steilen Hang rechts vom See ist der Pfad zu erkennen, auf dem der Aufstieg zum **Rondhalsen** erfolgen soll.

Die Hüttenanlage Rondvassbu am südlich

Nach 2.45 Std. ist der Abzweig (halbrechts) dorthin erreicht, während der Weg geradeaus weiter zum Bootsanleger führt. Der Aufstieg hält, was die Ansicht zuvor befürchten ließ: Gleich zu Beginn müssen ausgesprochen steile und zudem noch schottrige Hänge bewältigt werden, die in umgekehrter Richtung nicht zu empfehlen sind! Bei ersten Verschnaufpausen kann man noch die Sicht auf das Ende des Rondvatnet mit dem großen Kar Styggebotn genießen; später verhindert die Hangneigung den Blick

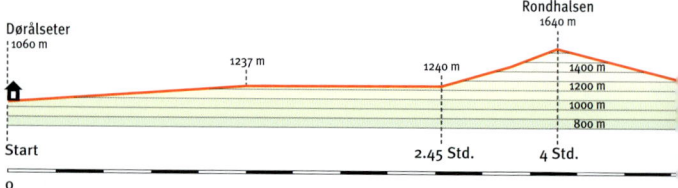

Von Dørålseter über den Rondhalsen

Rondvatnet

auf den See, nur die Wände und Berge der Gegenseite sind dann noch zu sehen. Es geht ein Stück an einem Bach entlang, der in steilen Kaskaden den Hang herunterstürzt. Wenn dieser Bach gequert und nach knapp 3.30 Std. verlassen wird, ist der schlimmste Teil des Anstiegs geschafft.

Bis zum 1640 m hohen **Passübergang** sind Hangneigung und Untergrund jetzt angenehmer, und auch die Aussichten rechts hinauf zum Veslesmeden lenken von der Anstrengung ab. Nach 4 Std. schließlich zeigt eine ganze Steinmann-Versammlung den höchsten Punkt der Strecke über den Rondhalsen an. Von hier geht es für die nächste Zeit wieder abwärts, und das insgesamt recht gemütlich. Nach 10 Min. zeigt ein mächtiger Steinmann den Beginn des knapp dreistündigen Abstechers hinauf zum Aussichtsberg Veslesmeden an; der Abstecher lässt sich im Rahmen dieser Wanderung allerdings nur dann bewältigen, wenn man in Rondvassbu übernachtet oder ab Spranget das Fahrrad benutzt (s. Tour 3).

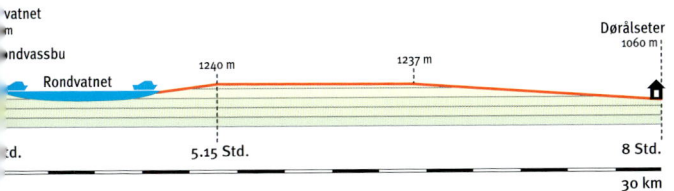

Von Dørålseter über den Rondhalsen

In Richtung Rondvassbu wandert man neben dem Bach Rondhalsbekken entlang, der im oberen Bereich oft noch spät im Sommer mit Schnee bedeckt ist und sich nach und nach zur Linken immer tiefer einschneidet. Dann kommt voraus tief unten die kleine Hüttenanlage mit dem südlichen Ende des Sees in Sicht, und kurz darauf ist die Weggabelung mit der Parallelroute über Langholet erreicht. Der Weg ist die ganze Zeit gut zu erkennen, führt teilweise über grobes, aber gut begehbares Blockmaterial und wird allmählich bequemer. Wenn es bei einem großen Steinmann ein letztes Mal etwas steiler abwärts geht, öffnet sich der Blick über den gesamten **Rondvatnet**, und nach 4.45 Std. ist bei einer ersten Brücke beinahe das Seeniveau erreicht. Es empfiehlt sich, diesem Wasserlauf einige Meter aufwärts zu folgen, da er die sehenswerte Schlucht **Jutulhogget** in den Untergrund eingegraben hat. Über einen weiteren Steg passiert man die Store Ula, den Seeabfluss, und nach insgesamt 5 Std. ist schließlich der Ausläufer des Sees umrundet und auf dem Fahrweg die Hüttenanlage **Rondvassbu** erreicht.

Das kleine Fährschiff bringt die Wanderer in einer halben Stunde zum Nordende des langen, schmalen Rondvatnet. Dort geht es ein kurzes Stück durch recht feuchtes Gelände das Tal entlang, dann trifft man am Abzweig zum Rondhalsen wieder auf den schon bekannten Weg, auf dem man nach 8 Std. Gehzeit **Dørålseter** wieder erreicht.

Abstecher zum Veslesmeden

Es ist sinnvoll, für diesen Anstieg von 500 Höhenmetern sein schweres Gepäck am Hang abzustellen. Der Pfad führt in spitzem Winkel gewissermaßen zurück in Richtung NNW und ist gerade im unteren Bereich schwer zu erkennen, da ein Schneefeld ihn in einer Einkerbung überdecken kann. Er führt aber direkt geradeaus hoch und ist in dem plattigen Gelände eine echte Hilfe, da die Steine dort relativ stabil liegen. Nach 20 Min. ist ein hufeisenförmiger Wetterschutz aus Felsplatten erreicht, nach 45 Min. der erste Anstieg bewältigt, und der Pfad führt nahezu im rechten Winkel weg von der bisherigen Laufrichtung nach links (Westen) hinauf auf einen zunächst breiten Grat, der zum steil aufragenden Hauptberg hin zwar immer schmaler wird, insgesamt aber bequem zu begehen ist. Nach gut 1 Std. müssen dann noch einmal 100 recht steile Höhenmeter überwunden werden. Direkt neben einer Scharte, die hinab in den Smedbotn stürzt, klettert man über riesige Felsbrocken und -platten die letzten Meter bis zu den Gipfelsteinmännern.

Von oben (1.30 Std.) hat man einen prächtigen Rundumblick: Die anderen Zweitausender der Rondane liegen zum Greifen nahe, weit im Norden ist Dørålseter zu erkennen, im Süden liegt der große See Furusjøen, die nähere Umgebung ist geprägt durch steile Kare, die zum Teil mit Schnee und Eis gefüllt sind.

Für den Rückweg ist es wichtig, an der Verbreiterung des Grates die richtige Stelle zum Abstieg zu finden. Man muss an der linken Seite des Grates bleiben, also zuerst einen kleinen Linksbogen machen, bevor es dann deutlich rechts abwärts geht. Am besten den Markierungen folgen! Im plattigen Gelände eigene Wege zu suchen dauert länger und ist gefährlicher.

Rondane von der lieblichen Seite

Vom Almdorf Høvringen zur Peer Gynt Hytta

Der munter plätschernde Høvringsåe ist ein angenehmer Wegbegleiter in den Rondane-Nationalpark, der die Gebirgskulisse dieser Wanderung liefert. Durch schmale Täler und vorbei an einer Bachschlucht erreicht man die traditionsreiche Schutzhütte.

DIE WANDERUNG IN KÜRZE

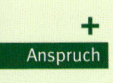
Anspruch: +

Gehzeit: 4.45 Std.

Länge: 19 km

Charakter: Problemlose Wanderung auf deutlichen, markierten Pfaden

Wanderkarte: Turkart 1 : 40 000 Høvringen/Rondane

Einkehrmöglichkeiten: Peer Gynt Hytta (Anfang Juli bis Mitte August), Smuksjøseter

Anfahrt: Etwa 15 km nördlich von Otta zweigt bei Sel die Bergstraße nach Høvringen ab und gabelt sich vor der Siedlung; man fährt rechts, passiert den rechts abzweigenden »Bomveg« nach Smuksjøseter und quert den Bach gleich dahinter. Ein paar hundert Meter weiter zweigt rechts die Zufahrt zum Brekkeseter ab; direkt oberhalb dieses Almhotels liegt ein großer Parkplatz.

Zwischen den teils jahrhundertealten Hütten von **Brekkeseter** steht auf einem Rasenstück ein Schilderbaum, der u. a. die Route nach Smuksjøseter markiert. Dorthin wendet man sich hangaufwärts, verlässt gleich wieder das Almgelände und folgt dem nun mit roten T markierten Wanderweg, vorbei an verschiedenen, jeweils beschilderten Abzweigen zu anderen Zielen. Bald kommt der Bach **Høvringsåe** rechts unterhalb in Sicht, der nun eine Weile den Weg begleiten wird. In der üppig begrünten Talsenke rauscht er deutlich vernehmbar in seinem steinigen Bett dahin. Der Pfad steigt leicht an und quert ab und zu schmale Rinnsale. Das V-Tal kommt allmählich höher, so dass man sich nach einer Weile dem Wasserlauf annähert. Nach 30 Min. wird ein Seitenbach überquert, ein Schild weist wieder auf einen Abzweig hin. Dicht entlang des lieblich bewachsenen Bachufers geht es nun im ebenerdigen Gelände unbeschwert voran, wobei sich voraus schon die ersten Hügelkuppen des Rondane-Vorlandes erheben. Ein kleiner **Almhof** liegt etwas links der Wanderroute, man trifft auf seine Umzäunung und kurz darauf wieder auf einen Seitenbach, der auf Steinen überwunden wird. Dann mündet der Pfad in die Hofzufahrt, auf ihr erreicht man die Straße nach Smuksjøseter und das begrünte Ende des **Høvringsvatnet** (1 Std.). Angler und Ausflügler nutzen den hübschen Platz bei sonnigem Wetter, und ganz Mutige sieht man dann auch hier baden. Über den läng-

Vom Almdorf Høvringen zur Peer Gynt Hytta

lichen See hinweg ist das Fjellhotel Smuksjøseter zu sehen, das auf dem Rückweg passiert werden soll. Doch zunächst verlässt man in der Einmündung der erwähnten Hofzufahrt die Straße sofort wieder nach links und folgt dem **Schild Richtung Steinbuhø**. Leicht ansteigend führt der mit türkisfarbenen Punkten markierte Pfad nun am Rande der Erhebung Solsidevassberget durch kleingliedriges Gelände mit grasigen Mulden und felsigen Kuppen. Kreuzende Pfadspuren werden ignoriert.

Bald nähert man sich der nächsten Bachkerbe und folgt ihr ein Stück, dann weist ein Schild halbrechts zur Peer-Gynt-Hütte, und weiter in Sichtweite des Wasserlaufs geht es nun in diese Richtung. Das Tal wird enger, der Pfad führt auf Bachniveau hinunter, dann beschreibt er eine deutliche Rechtskurve und hält auf eine flache, felsige **Passsenke** zu. Dort sollte man nach 1.45 Std. genau auf den weiteren Verlauf der Route achten, denn die Spuren verlieren sich auf wenigen Metern: Es geht in dem jenseits angrenzenden Talende gleich wieder etwas bergab, wobei zwei winzige Tümpel rechts oberhalb liegen. Kleine Steinmänner markieren den Weg, sind jedoch teils schwer zu erkennen. Nur ein kurzes Stück ist der Pfad undeutlich, dann sollte man wieder eine gut ausgetretene Spur gefunden haben. Immer noch am Hang des nun schon halb umrundeten Solsidevassberget entlang wan-

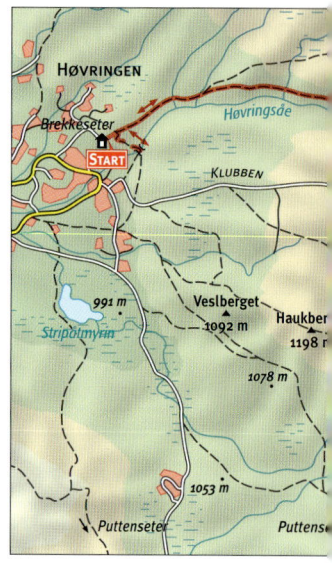

dert man das lange Kjondalen hinab, vorbei an den schroffen Bergflanken des Svartknatten und eine Weile später mit Aussicht auf weitere Erhebungen des Rondane-Nationalparks.

Nach knapp 2.30 Std. ist eine **Weggabelung** erreicht, an der es über den Bach geht, das Tal öffnet sich zu einer weiten, moorigen Tiefebene, aus der sich der schroffe Smiubelgin wie eine mächtige, unbezwingbare Felsenfestung erhebt. Der Weg spaltet sich in zwei parallele Spuren auf, die nach einigen Minuten wieder zusammenlaufen. Erst spät kommen eine metallene **Brücke** und jenseits die niedrigen

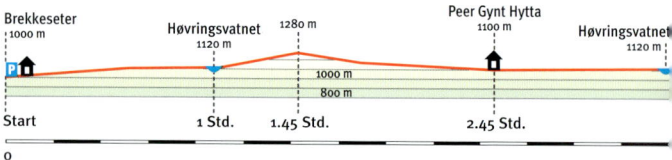

Vom Almdorf Høvringen zur Peer Gynt Hytta

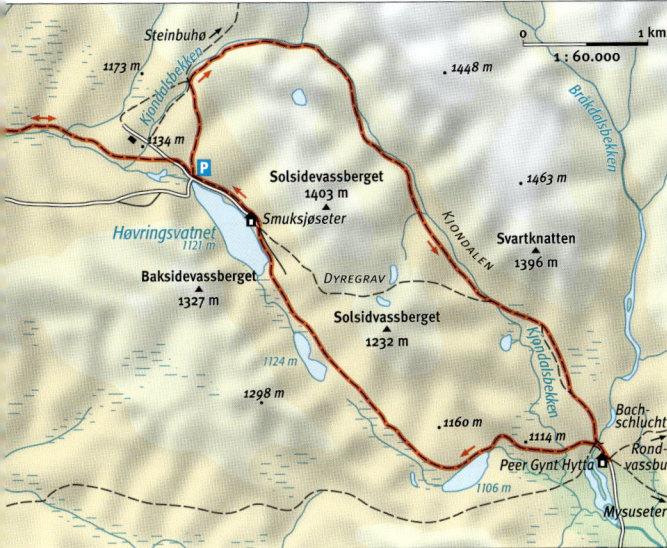

Felssteinbauten der **Peer Gynt Hytta** in Sicht. Die Brücke, die die sehenswerte, eiszeitlich entstandene Klamm Imbertglupen überspannt, ist nach 2.45 Std. erreicht. Malerisch ergießt sich der Bach zwischen mächtigen Felsbrocken in die senkrechte Spalte, schäumt unter der Brücke hindurch und breitet sich dann in der Ebene in ruhig fließende, flache Wasserarme aus. Schmale Inselchen und die flachen Uferstreifen sind dort mit niedrigen Birken und Zwergsträuchern bewachsen und bieten an sonnigen Tagen hübsche Raststellen. Doch auch die kleine, nur im Sommer bewirtschaftete Peer-Gynt-Hütte ist für eine Pause zu empfehlen, und in der niedrigen Gaststube sitzt es sich natürlich bei kühlem Wetter um so gemütlicher.

Es geht zurück über die Brücke und dem Schild Richtung Høvringen/Smuksjøseter nach. Ein Bach wird auf Planken überquert, dann hält sich der nun wieder mit roten T markierte, deutlich ausgetretene Weg am Rande eines Moorstückes, das bald auf weiteren Planken trockenen Fußes überwunden wird. Ein erster kleiner See wird erreicht, an seinem Ufer entlang geht es in eine weite Talsenke hinein. Nach dem See gewinnt man fast unmerklich etwas an Höhe. Nach einer Weile blickt man voraus auf einen zweiten kleinen See und dahinter auch schon wieder auf den Høvringsvatnet mit dem dunklen Holzgebäude von **Smuksjøseter** an seinem Ufer. Dort endet der Pfad nach 3.40 Std.; vorbei an dem großen Fjellhotel geht es die Fahrstraße entlang in wenigen

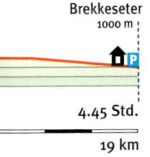

Vom Almdorf Høvringen zur Peer Gynt Hytta

An der Peer-Gynt-Hütte

Minuten bis zum Ende des Sees, wo man auf dem Hinweg Richtung Steinbuhø abgebogen war.

Die folgende Etappe zurück nach Høvringen ist nun schon bekannt; der Beschilderung nach geht es am Bach Høvringsåe entlang. Wenige Minuten bevor man den Ausgangspunkt wieder erreicht, bietet sich ein kleiner Umweg an: Ein Schild weist links nach Haukeliseter; der Weg führt nach kurzer Zeit zu einer Brücke über den Høvringsåe, der hier eine besonders hübsche Talkerbe durchströmt und kleine Kaskaden bildet. Vor der Brücke wieder nach rechts gehend, erreicht man gleich darauf **Brekkeseter** und den Parkplatz, an dem die Wanderung begann (4.45 Std.).

Umleitung bei Hochwasser

Der Vårstigen

Idyllisch überwachsen zieht sich der alte Frühjahrsweg, die berühmteste Etappe des historischen Kongevegen, weit oberhalb der engen Talkerbe der Driva durch das Dovrefjell.

DIE WANDERUNG IN KÜRZE

+
Anspruch

3.30 Std.
Gehzeit

13 km
Länge

Charakter: Problemlose Wanderung, vielfach auf karrenbreitem Weg, teils über glattgeschliffenen Felsboden und immer deutlich erkennbar

Wanderkarte: TK 1 : 50 000, Blatt 1519 IV, Snøhetta

Einkehrmöglichkeiten: Am Wanderweg keine. Die Kongsvoll Fjellstue, 3 km südlich des Einstiegs, bietet jedoch nicht nur Unterkunft und Mahlzeiten in dem historischen Ambiente einer alten Raststation, sondern beherbergt im Untergeschoss auch eine anschauliche Ausstellung zur Dovrefjell-Region.

Anfahrt: Auf der E 6 zwischen Dombås und Oppdal liegt ein Parkplatz 3 km hinter der Kongsvoll Fjellstue. Hier beginnt die Wanderung.

Von dem 3 km hinter der Kongsvoll Fjellstue gelegenen **Parkplatz** geht es durch einen Tunnel unter der verkehrsreichen Straße hindurch zum beschilderten Beginn des Vårstigen, der breit in das Wald- und Wiesengelände hineinläuft und gleich zu einer ersten **Brücke** gelangt, auf der man den rauschenden Bach Skåkbekken überquert. Bald dahinter wendet der Weg sich aufwärts und gewinnt am licht bewaldeten Hang des Drivdalen zügig an Höhe. So wird nun auch das Rauschen leiser, das von unterhalb heraufdringt, gebildet aus dem dort dahinschäumenden Fluss und dem brausenden Autoverkehr auf der Hauptachse nach Norden. Ab und zu mischt sich auch ein vorbeidonnernder Zug in das Konzert ein, das mit jedem Schritt hinauf abebbt. Hoch oben am jenseitigen Hang des Haupttalzugs kommt ein Seitental in Sicht, aus dem steil ein Wasserlauf herunterstürzt. Auch der Blick zurück lohnt sich schon, denn von dort öffnet sich aus dieser Höhe bereits das mächtige Drivdalen Richtung Süden. Deutlich ist sein U-förmiger Querschnitt zu sehen, eindeutiges Zeichen der eiszeitlichen Vergangenheit im Dovrefjell. Nach 30 Min. wird der Anstieg sanfter, man hat nun eine kleine **Kuppe** erreicht, die kahl und felsig aus dem hellen Grün der Birken herausragt. Einige Steinmänner markieren den »Gipfel«, und tatsächlich sind die Aussichten von hier nun noch abwechslungsreicher als zuvor. Der Weg wendet sich etwas weiter rechts und läuft zunächst auf die

Der Vårstigen

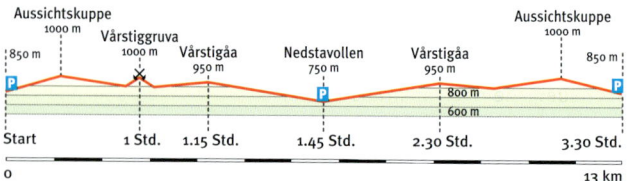

Der Vårstigen an den Hängen oberhalb des Drivdalen

steilen Hänge dort zu, um nun wieder in den Wald einzutauchen. Ein Tümpel kommt rechts in Sicht, in seiner Nähe passiert man die überwachsenen Grundmauern eines ehemaligen Wohnhauses. Ein Schild weist es als Unterkunft von Grubenarbeitern aus. Wenig später, nachdem der Weg mehrere kleine Rinnsale gequert hat, markiert ein Schild den kurzen Stichweg zu den **Vårstiggruva** (1 Std.). Nach kurzer Kletterei den Hang hinauf erreicht man die verfallenen Eingänge der ehemaligen Grubenschächte. Ein paar alte Gerätschaften liegen vor der schwarzen Höhle eines niedrigen Eingangs.

Zurück auf dem Vårstigen erreicht man bald darauf die alte Hofstelle von **Drivstusetra** und wenig später durch nur noch leicht gewelltes Terrain nach 1.15 Std. eine Brücke, auf der die zwischen Felsbrocken heruntersprudelnde **Vårstigåa** überquert wird. Ein paar Minuten weiter passiert man einen scharf rechts abzweigenden Pfad, bleibt jedoch in der bisherigen Laufrichtung und steigt nun allmählich deutlicher ab. Vorbei an weiteren Zeugnissen alter Sommersiedlungsplätze geht es zum **Merrabekken**, einem weiteren überbrückten Bach, der hübsch über glatte Felsterrassen hinunterfließt. Der Blick öffnet sich voraus wieder auf das Haupttal, zu dem der Vårstigen nun hinabführt. Der Pfad wird hier felsiger, und man mag kaum glauben, was die Informationstafeln unterwegs über die ersten Versuche berichten, hier herüber mit Kutschen oder Karren zu gelangen. Auch wenn das eine oder andere gekrönte Haupt schon im 18. Jh. über den Vårstigen kutschiert wurde – zwangsverpflichtete Bauern schoben und zogen mühsam das Gefährt –, so war der Weg doch erst ab 1820 tatsächlich zum Befahren ausgebaut. Davor wird er also wesentlich ungemütlicher gewesen sein als heute. Auch war er für Steinschlag berüchtigt, nachdem durch die Almbewirtschaftung die Hänge im 18. Jh. weitgehend abgeholzt worden waren – ein Zustand, der inzwischen auch der Vergangenheit angehört.

Zügig absteigend trifft der alte Verbindungsweg nach 1.45 Std. bei dem Rastplatz **Nedstavollen** wieder auf den neuen, die Nationalstraße E 6, die sich in den letzten Minuten schon durch den Autoverkehr in Erinnerung gebracht hat.

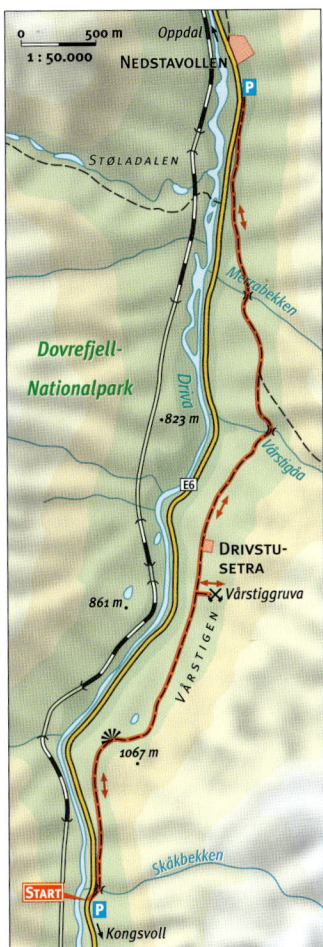

Hier endet der historische Wegabschnitt, und auf derselben Route, nun jedoch ohne den Abstecher zu den Gruben, geht es zurück zum Ausgangspunkt, dem **Parkplatz**, der nach 3.30 Std. wieder erreicht ist.

Der Kongevegen über das Dovrefjell

Der Vårstigen stellte die berühmteste Etappe des **Kongevegen** dar, denn er umging das im Frühjahr zur Schneeschmelze unpassierbare Drivatal, in dem zu anderen Zeiten der kräftige Fluss ein halbes Dutzend Mal gefurtet werden musste. Erst 1853 wurde ein ganzjährig benutzbarer Fahrweg im Flusstal angelegt, dort, wo heute die E 6 verläuft. Nachweislich führte schon in vorhistorischer Zeit eine Verbindungsroute über das Dovrefjell. Im Mittelalter überwand der Kongevegen dieses Haupthindernis zwischen den Siedlungsräumen des fruchtbaren Gudbrandsdalen im Süden und dem Trondheimfjord mit Nidaros (Trondheim) im Norden. Seit dem 11. Jh. existierte eine erste Fjellstation bei Hjerkinn, in der Reisende Unterkunft auf der Gebirgsüberquerung fanden. Auch die heutige Straße erreicht dort mit über 1000 m ihre Passhöhe, und ein gut beschilderter weiterer Abschnitt des alten Weges führt von Hjerkinn (Beginn an der Hjerkinn Fjellstue bei der Straße Nr. 29) in etwa 2 Std. nach Grønbakken kurz vor Kongsvoll.

Das **Dovrefjell** ist heute weitgehend Nationalpark, der sich westlich und – zum kleineren Teil – östlich des Drivatals erstreckt. Auf dem von eiszeitlicher Gletscherbedeckung geprägten, 1300–1700 m hohen Gebirgsplateau ragt der Snøhetta mit 2284 m markant heraus. Glattgeschliffene Kuppen wechseln mit Grundmoränen ab, in unteren Lagen mit Strauchheide bewachsen, darüber in relativ artenreiche Gebirgsflora übergehend, begünstigt durch das stellenweise kalk- und damit nährstoffreiche Grundgestein. Das unwirtliche Klima mit extremen Frostgraden im Winter und kühlen, relativ niederschlagsreichen Sommern macht das Dovrefjell zum geeigneten Lebensraum für Moschusochsen, die in den 50er Jahren aus Grönland eingeführt wurden und sich seither beachtlich vermehrt haben. Um die 50 Tiere sollen inzwischen hier leben, während ein kleinerer Teil der Herde vor einigen Jahren in die Femundsmarka auswanderte und auch dort heimisch geworden ist. Die massigen, dichtbehaarten und mit Hörnern bewehrten Pflanzenfresser sind zwar in der Regel friedlich, doch wenn man ihnen zu nahe kommt, ist nicht mit ihnen zu spaßen, denn sie können blitzschnell angreifen.

Die Talzüge Stroplsjødalen, Kaldvelldalen und Stølådalen nordwestlich von Kongsvoll bilden im Sommer das Hauptweidegebiet der Moschusochsen. Von Kongsvoll aus werden regelmäßig Moschus-Safaris dorthin veranstaltet, bei denen man sich sachkundiger Führung anvertrauen kann. Wer die Täler auf eigene Faust durchwandern will, was etwa 7 Std. beansprucht, sollte in Kongsvoll nach dem vermutlich letzten Aufenthaltsort der Moschusochsen fragen und ansonsten unterwegs die Augen offen halten.

Eine Alternative für ängstliche Naturen ist es, sich bei der Militärstation in Hjerkinn eine Genehmigung zum Befahren der Schotterstraße zur Hütte von Snøheim ausstellen zu lassen und durch das militärische Sperrgebiet dorthin zu fahren. Unterwegs kann man oft Gruppen der zotteligen Tiere vom geparkten Auto aus ganz in Ruhe beobachten.

Wo sich tosende Wasser vereinen

Wanderung um Åmotan

Diese abwechslungsreiche Rundwanderung lebt vom Wasser. Immer wieder sind reißende, stürzende oder fallende Flüsse zu bewundern, die sich bei Åmotan treffen. Ein Stichweg führt zum über 200 Jahre alten Almhof Gammelsetra, der zur Rast einlädt.

DIE WANDERUNG IN KÜRZE

Anspruch: ++

Gehzeit: 3.30 Std.

Länge: 9 km

Charakter: Kaum befahrene Wirtschaftswege und markierte Pfade führen problemlos zu großartigen Wasserfällen und einem alten Seter. Einige recht steile Auf- und Abstiege und eine Hängebrücke sind zu meistern.

Wanderkarte: Sunndal – vill og vakker, Fremdenverkehrskarte für Sunndal Kommune, 1 : 80 000

Einkehrmöglichkeit: Gammelsetra (DNT-Hütte mit Kochmöglichkeit und Selbstbedienung – ohne Service)

Anfahrt: Mit dem Auto von Sunndalsøra auf der Straße Nr. 70 landeinwärts Richtung Oppdal. In Gjøra rechts ab in die enge Schlucht der Grøvu. Nach knapp 4 km auf dieser Nebenstraße zweigt noch vor der Brücke über den Fluss ein Weg links ab nach Jenstad. Nach knapp 2 km ist vor den Hofgebäuden ein gebührenpflichtiger Parkplatz erreicht, wo die Wanderung beginnt.

Beim **Parkplatz Jenstad** sollte man sich zunächst etwas über das Gebiet orientieren. Auf der anderen Schluchtseite zieht der Wasserfall der Grødøla, der unterhalb der Höfe von Sveen und Svisdalen in die bewaldete Tiefe eines unergründlichen Talkessels stürzt, den Blick auf sich. Auch aus den übrigen Himmelsrichtungen kommen Wasserläufe in diesem Kessel zusammen, der deshalb den Namen Åmotan, Treffpunkt der Bäche, trägt. Dort hinein wird die Wanderung gegen Ende führen, so dass es nicht weiter stört, dass sich der Talgrund von hier oben den Blicken entzieht. Links neben dem Wasserfall der Grødøla, unterhalb einiger Hofgebäude von Sveen, ist eine Wiese am Steilhang erkennbar. Von dort leitet ebenfalls ein markierter Weg abwärts in die Schlucht; er ist allerdings nur etwas für Wanderer mit starken Nerven und wird hier nicht berücksichtigt.

Vom **Parkplatz** aus führt die Wanderung den Fahrweg aufwärts, wo u. a. ein Schild auf die Alm Gammelsetra hinweist, zu der die erste Etappe führt. Nach wenigen Metern geht die Straße an einer Schranke in einen Bomveg über, was den ohnehin spärlichen Verkehr noch weiter reduziert.

Wanderung um Åmotan

Man wandert zügig bergan und ignoriert dabei einige abzweigende Trampelpfade. Zwischendurch gabelt sich der Fahrweg, beide Spuren vereinen sich aber wieder. Nach 30 Min. führt die Piste dicht an die Schlucht zur Rechten heran, so dass der Blick hinüber zur Hofstelle Lundli frei wird, an der die Wanderung später noch vorbeiführt. Der Grund für diese gute Sicht ist ein großer Hangsturz, der sich hier in jüngerer Zeit ereignet und neben der Vegetation auch Teile der alten Straße mit in die Tiefe gerissen hat. Überhaupt will der Untergrund in der Nähe der Straße nicht zu den felsigen Schluchten der Bachläufe passen, denn dort, wo durch den Wegebau die Bodenschicht aufgeschlossen ist, bemerkt man Sand mit eingelagerten Gesteinsbrocken: Ablagerungen eines eiszeitlichen Stausees.

Kurz hinter dem Hangsturz hat die Fahrspur ihren steilen Anstieg von nahezu 300 Höhenmetern überwunden, und voraus ist schon eine Brücke über die Lindøla zu sehen. Wer auf Pfaden einen kleinen Abstecher zum tobenden Fluss machen will, sollte berücksichtigen, dass die Ufer stark unterhöhlt sind. Deshalb ist wohl auch die **alte Brücke,** die nach 45 Min. erreicht ist, außer Betrieb genommen und durch eine neue weiter oberhalb ersetzt worden. Ob am Ufer entlang oder vom Fahrweg aus, ein Abstecher zu dieser Brücke und der alten Mühle daneben lohnt sich. Durch die Fenster ist noch der Mühlstein zu erkennen. Auch die Umleitungen des Flusses, die die Nutzung des Wassers als Antriebskraft erst ermöglichten, lassen sich noch deutlich identifizieren.

Weiter geht es auf der Straße bis zu einer Weggabelung unmittelbar an der **neuen Brücke** (1 Std.). Man lässt diese zunächst rechts liegen und wandert auf einem Wirtschaftsweg weiter am Fluss entlang leicht aufwärts bis **Gammelsetra** (1.15 Std.), einer Hütte des DNT. Dieser alte Sennhof (siehe Abb. S. 14) existiert bereits seit 1770. Er wurde in den 1940er Jahren aufgegeben und 1989 vom Wanderverein liebevoll restauriert. In verkehrsgünstigerer Lage wäre dieser Almhof sicherlich ein Museum, während er hier als idyllisches Übernachtungsquartier und Rastplatz für Wanderer dient.

Nach 1.30 Std. reiner Wanderzeit ist man wieder zu der **neuen Brücke** zurückgekehrt und überquert nun den Fluss. Auffallend sind hier mächtige alte Kiefern, deren Stämme im Sonnenlicht bräunlichgolden leuchten. Halbrechts leicht bergab geht es auf dem Fahrweg der Beschilderung Grøvudalshytta/Vangshaugen nach. Der Charakter der Umgebung ändert sich. Aus einer Bodenbedeckung mit üppigem Gras und Farn ragt neben vereinzelten Kiefern ein lichter Birkenwald auf. Dieser ist von Flechten befallen, sogenannten Aufsitzpflanzen, die den Bäumen an sich keinen

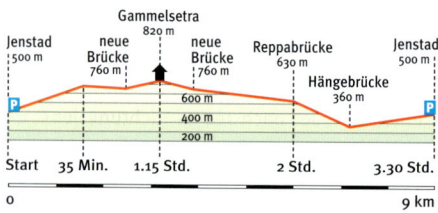

Wanderung um Åmotan

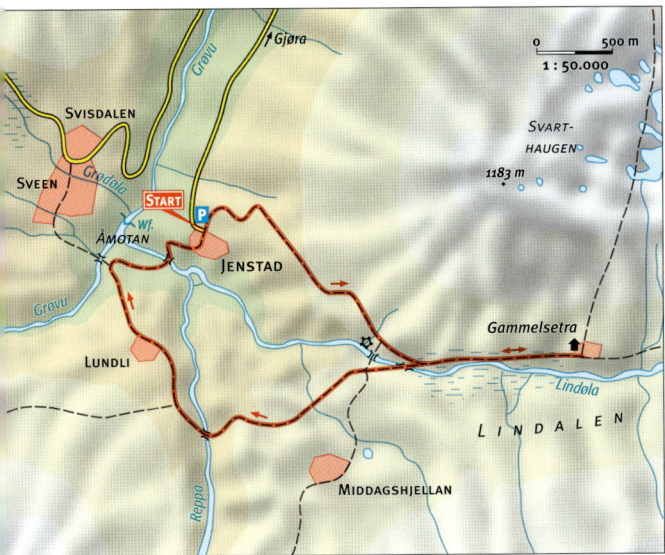

Schaden zufügen. Dennoch gehen diese oft ein, aber nicht, weil ihnen die erst hellgrünen und später wie schwarze Zotteln aussehenden Flechten den Garaus gemacht hätten, sondern weil die Bäume schon zuvor krank waren. Gerade Norwegen hat unter dem sauren Regen zu leiden, der von Großbritannien herüberkommt. Die Szenerie hat etwas Unheimliches, Beklemmendes.

Es geht sich gut auf dem breiten Weg, der immer steiler abwärts führt. Schließlich kommt man zu einer **Brücke über die Reppa** (2 Std.). Ein Schild warnt Autofahrer davor, sie zu benutzen; das Gewicht von Wanderern, ob mit oder ohne schweren Rucksack, trägt sie aber noch!

Wenige Minuten später sind die Gebäude von **Lundli** erreicht, die im Sommer bewirtschaftet werden. Kühe begrüßen zuweilen die Wanderer; mit Sicherheit haben sie einige der Steinmänner im Grasgelände auf dem Gewissen. Das Hofgelände mit ansehnlichen alten Gebäuden wird rechts unterhalb umgangen (Åmotan/Vangshaugen ist ausgeschildert). Es geht über die Hofwiese und wieder durch ein Birkenwäldchen – alles ist gut markiert.

Dann führt der Wanderweg zunächst langsam und dann immer steiler bergab zum Höhepunkt der Tour: Der **Wasserfall der Grødøla** ist durch die Bäume hindurch bereits zu erkennen, ebenso verschiedene Flussläufe im Tal. In steilen Serpentinen führt der Weg in lieblicher Umgebung hinab. Je tiefer man kommt, desto geräuschvoller und beeindruckender wird die Szenerie: Wasserläufe rauschen und stürzen von allen Seiten zu Tal, zum Treffpunkt der Bäche, Åmotan. Nach 2.45 Std. ist zwischen Felsbrocken und Birken wieder ein Schilderbaum erreicht, der nach rechts Richtung Jenstad, Gammelsetra und Fossene weist. Zuvor lohnt aber ein kurzer Abstecher durch dichten Bewuchs nach links zu

Wanderung um Åmotan

Der Wasserfall der Grødøla

einer sehenswerten Hängebrücke über den Fluss Grøvu; von hier führt der eingangs erwähnte, steile Anstieg hinauf zu den Höfen Sveen und Svisdalen.

Zurück beim Schilderbaum (3 Std.), geht es nun weiter Richtung Fossene, und bald muss in jedem Fall eine **Hängebrücke** überwunden werden. Ein Schild »Auf eigene Gefahr« wirkt zwar nicht gerade beruhigend, aber Brücken dieser Art sind wirklich nicht problematisch, solange man einzeln hinübergeht, in der Mitte der Planken bleibt und sich nicht auf die seitlichen Maschendrahtgitter verlässt, die allenfalls für Kleinkinder einen Schutz darstellen. Wem wirklich die Knie zittern, der sollte sich notfalls auf dieselben hinabbegeben und mit abgesenktem Körperschwerpunkt gefahrlos hinüberkriechen. Für die Haltbarkeit der Brücken sorgen die Wandervereine.

Jenseits gabelt sich der Wanderweg wieder, und man erreicht links am Fluss entlang nach 3.15 Std. die Stelle, wo sich die Flüsse Grøvu und Grødøla mit den nur wenige Meter weiter oberhalb zusammengeflossenen Wasserläufen Lindøla und Reppa vereinen. Auch der Wasserfall ist von dieser beeindruckenden Stelle in seiner ganzen Größe von gut 150 m zu sehen.

Zurück nach Jenstad steigt man direkt von hier auf. Nach wenigen Minuten weisen an einer Wegkreuzung orangefarbene Punkte direkt geradeaus weiter, der T-Weg verläuft weiter links. Beide Wege führen – reich an interessanten Ausblicken und durch mehrere Gatter – zurück zum **Parkplatz** (3.30 Std.).

Zum norwegischen Matterhorn

Vom Innerdalen zum Panoramablick aufs Sunndalen

Durch das malerische Innerdalen führt die Wanderung hinauf zum Fuß der steilen Zinne Innerdalstårnet. Durch ein langes Hochtal gelangt man schließlich zur Steilkante des Sunndalen, das 1000 m unterhalb großartige Einblicke bietet.

DIE WANDERUNG IN KÜRZE

+++ Anspruch

8 Std. Gehzeit

27 km Länge

Charakter: Lange Wanderung auf markierten Wegen, die eine gute Kondition erfordert

Wanderkarte: Sunndal – vill og vakker, Fremdenverkehrskarte für Sunndal Kommune, 1 : 80 000

Einkehrmöglichkeiten: Renndølsetra und Innerdalshytta

Anfahrt: Von Sunndalsøra geht es auf der Straße Nr. 70 ca. 10 km nach Norden am Sunndalsfjorden entlang. Hinter Oppdøl führt die erste Straße rechts zunächst ins Viromdalen. Dort, wo dieses ins Innerdalen übergeht, endet die öffentliche Straße vor der Hofstelle Nerdalen bei einem großen Parkplatz.

Vom **Parkplatz Nerdalen** aus folgt man dem Fahrweg taleinwärts und kann halbrechts voraus schon die mächtigen Felsen des 1790 m hohen Skarfjellet sowie den spitzen Kegel des Innerdalstårnet (1450 m) bewundern. Nach wenigen Minuten ist die Hofstelle Nerdalen passiert, und an einer Weggabelung geht es auf dem linken Abzweig bei einem Verbotsschild für motorisierte Fahrzeuge weiter. Dann versperrt ein kleines Wäldchen das grandiose Panorama. Deutlich macht sich nun die kräftige Steigung des breiten Wirtschaftsweges bemerkbar. Nach knapp 30 Min. weist ein Schild auf den Beginn des Landschaftsschutzgebietes Innerdalen hin, das 1967 eingerichtet wurde. Bald darauf ist bei einem Tor der erste, gut 200 m hohe Anstieg überwunden. Es geht leicht bergab, und der Blick kann nun weit über das eigentliche Innerdalen mit den gleichnamigen Seen schweifen. Ob es Norwegens schönstes Tal ist, wie in der Werbung immer wieder behauptet wird, mögen Freunde der Superlative selbst entscheiden. Dass hier bereits seit 1889 eine Touristenhütte existiert, ist zumindest ein Beleg für die Attraktivität dieser Gegend. Bald kommt der große Innerdalsvatnet zur Rechten immer näher. Über ihn hinweg ist schon das Hängetal rechts neben dem Innerdalstårnet, dem norwegischen Matterhorn, zu erkennen, aus dem ein Bach in breiten Kaskaden herunterstürzt. An seinem Ufer wird später der Aufstieg erfolgen. Nach 1 Std. erreicht man **Renndølsetra**. Dieser Almhof, der in den Sommermonaten Unterkunft und Verpflegung anbie-

Vom Innerdalen zum Panoramablick aufs Sunndalen

tet, ist mit seinen grasgedeckten Blockhäusern vor der Kulisse aus den beiden Innerdalsvatna und steilen Felsen schon für sich einen kleinen Ausflug wert.

Hat man es geschafft, sich aus diesem Idyll zu verabschieden, geht es kurz darauf über eine kleine Brücke, vor der links ein Schilderbaum über weitere Wanderziele informiert. Dann sind die Gebäude der **Innerdalshytta** erreicht, deren altes Haupthaus mit dem Seter zuvor konkurrieren kann. Man geht geradeaus über das Gelände hinweg und findet einen neuen Wegweiser, der u. a. geradeaus unseren weiteren Wanderweg in Richtung Fale anzeigt.

Man folgt den Markierungen, die bald steil abwärts zum Bach **Ålvundelva** führen, der auf einem schmalen Holzsteg überwunden wird (1.30 Std.). Ein kurzes Stück führt der Weg bequem durch grasigen Untergrund, dann taucht er in ein urwaldartiges Gebiet ein und führt in vielen Windungen über Fels und Stein bald bergan. Immer wieder wird die Sicht frei auf den Innerdalstårnet, der durch den besonderen Blickwinkel – man schaut von unten schräg hinauf – wie eine überdimensionale Zinne erscheint. Mit diesem grandiosen Anblick fällt der Aufstieg zum 300 m höher errichteten, quaderförmigen Steinmann gar nicht schwer. Erleichtert wird die Anstrengung zudem durch einen musterhaft angelegten Pfad, der in gleichmäßigem Winkel und in vielen Serpentinen ansteigt. Gesäumt von Birken, Farnen und Wiesenblumen, führt der Weg in fast jeder Rechtskurve an den rauschenden Bach heran und ermöglicht gute Aussichten auf die Kaskaden. Nach 2 Std. ist der **Steinmann** an der oberen Kante des Hängetals erreicht; zurück bietet sich noch einmal ein Überblick über das gesamte Innerdalen mit seinen Seen, Wäldern und der kleinen Ansiedlung sowie über die steil aufsteigenden Berghänge der gegenüber liegenden Talseite. Sie werden überragt von dem Snøfjellet, das mit einer Schneekappe seinem Namen meist gerecht wird. Nur der Innerdalstårnet, der – aus neuer Perspektive gesehen – nun mächtig von seinem Nachbarn Tårnfjellet überragt wird, hat hier oben etwas von seiner Ausstrahlung verloren.

Über einige breite Terrassen führt der markierte Pfad nun leicht aufwärts in das von steilen Berghängen flankierte Hochtal Flatvaddalen hinein und bald mehr zum linken Hang hin. Ein erster kleiner See taucht auf, und bald öffnet sich die Aussicht auf den **Storvatnet** (2.15 Std.), der bisher hinter einem flachen Querrücken verborgen war. Kurz darauf zeigt eine Mauer aus Feldsteinen an, dass hier oben früher einmal ein (Sommer-)Siedlungsplatz existiert haben muss. Der Weg ist nun etwas steinig,

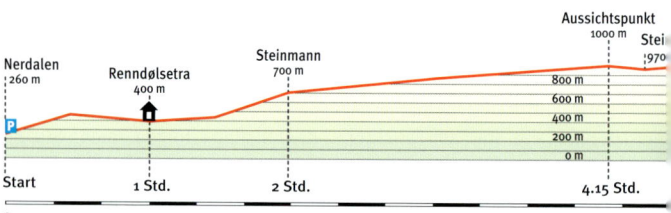

Vom Innerdalen zum Panoramablick aufs Sunndalen

so dass im Gehen wenig Zeit bleibt, hinunter zum See zu schauen. Obwohl das Wasser kristallklar ist, wirkt der Storvatnet durch die Schatten und Spiegelungen der umliegenden Steilwände sehr dunkel. Ab und an führen Spuren zu ihm hinunter, es empfiehlt sich aber, relativ hoch am Hang zu bleiben, da in Seenähe dichtes Weidengestrüpp das Vorankommen erschwert. Das gilt auch für die Strecke hinter dem Storvatnet, da der Talgrund dort sehr feucht ist. Nach 3 Std. zeigt ein Schild das Ende des Naturschutzgebietes an, und voraus, über den **Langvatnet** hinweg, taucht die Hütte des Klettervereins auf, den es hier schon seit 1895 gibt. Der Weg wendet sich jetzt mehr zur Talmitte, um diesen See links liegen zu lassen. Liebevoll ist ein Stück durch eine feuchte Wiese mit rotbemalten Steinen markiert. Durch die Ausläufer des Langvatnet führt eine Spur aus großen Felsplatten, so dass man auch hier trockenen Fußes hinüberkommt. Es geht noch kurze Zeit leicht talaufwärts, dann ist die Wasserscheide des Hochtals erreicht. Voraus lässt sich jetzt bereits erahnen, dass das Flatvaddalen hier, ähnlich wie auf der Einstiegsseite, hoch oberhalb eines Haupttals auslaufen wird.

Nach knapp 4 Std. hat man den letzten von mehreren kleinen Seen passiert. Der Wanderweg führt noch

Norwegens Matterhorn, der Innerdalstårnet

einmal ca. 100 m bergan in die Hänge des Såtbakkkollen hinein, die steil zum Sunndalen abfallen. Vom Pfad aus bieten sich jetzt immer wieder spektakuläre Blicke hinunter in dieses mächtige Trogtal (siehe Abb. S. 10), wo sich die Felder, Häuser und Autos 1000 m tiefer befinden. Die gegenüber liegenden Wände des Sunndalen sind oben schneeweiß, darunter felsigbraun und mit Grün überzogen, dazwischen folgen Wasserläufe wie weiße Fäden der Falllinie. Nach 4.15 Std. reicht ein tiefer Einschnitt im Berghang bis fast an den Wanderweg heran, der hier

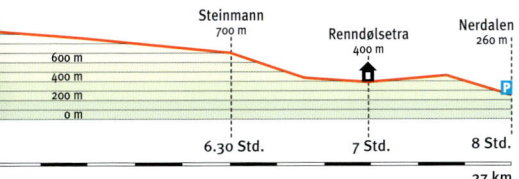

Vom Innerdalen zum Panoramablick aufs Sunndalen

durch ein altes Eisengitter nur noch unzuverlässig gesichert ist. Hier wäre ein erster sinnvoller Umkehrpunkt, obwohl der Weg auf etwa gleicher Höhe noch ungefähr 1 km weiterleitet. Spätestens bei einem **Steinmann** auf einer ebenen Felsplatte, bei dem sich zur Linken das Tverrådalen öffnet, sollte man nach 4.30 Std. jedoch seine Erkundungen abbrechen und an den langen Rückweg denken, der auf demselben Weg erfolgt. Nach 8 Std. ist der **Parkplatz Nerdalen** wieder erreicht.

Fjorde von oben

Der Aussichtsberg Store Tuva bei Sunndalsøra

Weit schiebt sich der 1000 m hohe Gipfel in die Fjorde vor, und herrliche Aussichten auf die Meeresarme begleiten den Weg hinauf. Vom Gipfel ist auch das Hinterland mit seinen tief einschneidenden Tälern und den schneebedeckten Trollheimen-Bergen weit zu überblicken.

DIE WANDERUNG IN KÜRZE

++
Anspruch

4.45 Std.
Gehzeit

900 m
An-/Abstieg

Charakter: Bergwanderung ohne besondere Schwierigkeiten auf zumeist gut erkennbaren Pfaden. Ein Steilstück muss durchstiegen werden, ist aber zuverlässig markiert und nicht gefährlich.

Wanderkarte: Sunndal – vill og vakker, Fremdenverkehrskarte für Sunndal Kommune, 1 : 80 000

Einkehrmöglichkeiten: Keine

Anfahrt: Von Sunndalsøra fjordauswärts auf der Straße Nr. 70 bis Ålvund, dort weiter auf der Nr. 670 bis zum Abzweig des Fahrwegs rechts nach Drøpping, auf diesem bis zu einer Gabelung, an der rechts der Hof Hals ausgeschildert ist. Man sucht sich hier eine Parkmöglichkeit oder stellt das Auto 200 m davor bei einigen Wohnhäusern auf dem Schotterstreifen ab.

Von der **Straßengabelung beim Hof Hals** geht es auf dem rechten Fahrweg durch Wiesengelände auf den Hof zu, der etwas oberhalb am Rande des bewaldeten Hangs liegt. Ein Wirtschaftsgebäude liegt rechts des Hofplatzes, das große Wohnhaus links, dazwischen hält man auf das Gatter zu, hinter dem eine Traktorspur sofort kräftig bergan führt. Sie ist gleich von etwas Birkengestrüpp überdeckt, das umgangen wird, dann macht der Weg eine Linkskurve und geht in eine breite, grasige Schneise über, die man hinaufsteigt. Ein zweites Gatter begrenzt dieses Wiesenstück, dahinter führt die Fahrspur in den lichten Wald hinein und steigt in wenigen Kurven zügig aufwärts. Wenn der Anstiegswinkel gemäßigter wird, hält man nach einem rechts bergaufführenden Trampelpfad Ausschau; die alte Fahrspur ist hier mit Zweigen gesperrt, ein verblasster roter Punkt markiert den Abzweig (30 Min.). Auf dem Pfad steigt man steil an, trifft kurz darauf noch einmal auf den rudimentären Wirtschaftsweg und geht auf ihm rechts, um gleich wieder nach links über ein paar Holzbohlen einen Graben zu queren und nun endgültig auf den Fußpfad zu wechseln. Ihm folgt man nun durch den Wald bis zu einem ersten Aussichtspunkt auf 400 m Höhe: Die Felskuppe **Halsa-**

Der Aussichtsberg Store Tuva bei Sunndalsøra

Unterwegs zum Store Tuva

kammen mit einem dicken Felsbrocken darauf ragt aus dem Hang vor und bietet bereits einen herrlichen Blick auf den Hof und die schmale Landzunge zwischen den Fjorden (40 Min.). An einem Baumstamm hängt ein Briefkasten mit dem ersten »Gipfelbuch« der beliebten Route.

Etappenweise geht es nun weiter hinauf, abwechselnd steiler durch Wald, dann durch flache, teils sumpfige Wiesenstreifen, die im Sommer üppig mit Orchideen bestanden sind und im Herbst reich an Multebeeren. Auf dem ersten Absatz liegt eine private Hütte, die der Pfad umrundet. Eine zweite Ebene mit einer größe-

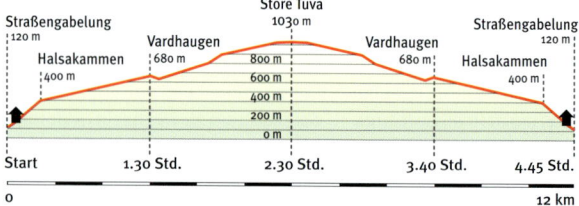

Der Aussichtsberg Store Tuva bei Sunndalsøra

Zurück an der Kehre, folgt man der Kante ein Stück und steigt bald wieder deutlicher an. Hier wird das Gelände offener, der Baumbewuchs nimmt ab, erste Felskuppen liegen frei, man befindet sich auf einem weiten Rücken, der jedoch in sich durch zahlreiche kleine Erhebungen und Senken untergliedert ist. Der Pfad führt deutlich erkennbar durch diese Landschaft und passiert eine Ansammlung mehrerer Steinmänner auf einer der Felskuppen. Hinter einer nächsten Senke treffen Fußspuren von rechts hinzu, der Pfad gabelt sich kurz darauf, auf dem rechten geht es weiter, nun deutlich auf die nächste größere Erhebung zu, den 680 m hohen **Vardhaugen.** Ein Steinmann und der nächste Briefkasten sind dort nach 1.30 Std. erreicht.

Aus dieser Höhe überblickt man nun schon die gesamte Landenge zwischen dem Ålvund- und dem Sunndalsfjord, und jenseits des letzteren erheben sich die Sunndalsfjellene dunkel und schroff aus dem Meer. Doch soll es ja noch höher hinaufgehen, und es ist ratsam, sich in diese Richtung schon von hier aus zu orientieren. Eine Senke trennt den Vardhaugen vom Store Tuva, der von dieser Seite fast uneinnehmbar steil dahinter aufragt. In der Senke sind keine eindeutigen Pfade auszumachen, doch wo sie zum Gegenhang hin ansteigt, sollte man eine Spur im Grünland ausmachen können. Diese muss nun auf eigene Faust angesteuert werden. Man wandert in Sichtweite der rechts abfallenden Hänge in die Senke hinunter, quert einen moorigen Bach und hält auf einen dicken Felsbrocken zu, der mit einem roten Punkt den Beginn der markierten Route anzeigt.

ren Sumpfwiese folgt; die Spur wird darin undeutlich, ist dahinter am Hang voraus aber wieder eindeutig zu finden. Auf dem nächsten, ebenfalls teils moorigen Absatz geht es bald über einen flachen, bahndammartigen Rücken an einem kleinen Tümpel vorbei. Über ihn hinweg fällt der Blick von hier schon weit hinunter zum Ålvundfjord. Der nächste Anstieg führt fast stufenartig über einige niedrige Felsplatten, oben nach einer Stunde in einer scharfen Rechtskehre auf diesem Felsband weiter. An der Kehre lohnt es sich, ein paar Meter nach links zu gehen und von dort hinunter auf den Stangvikfjord zu blicken. Steil fällt der Hang dorthin ab.

Der Aussichtsberg Store Tuva bei Sunndalsøra

Hat man den Pfad einmal gefunden, begleitet er zuverlässig und sicher durch die voraus aufragenden Steilhänge. Zunächst geht es noch mäßig durch felsiger werdenden Grund hinauf, dann steigt man von Punkt zu Punkt durch die fast senkrechte, aber von vielen Vorsprüngen und Absätzen genügend unterbrochene Wand. Nur an wenigen Stellen braucht man einmal die Hände zum Absichern, und nach gut 2 Std. ist der Bergrücken erreicht. Ein roter Pfeil weist hier auf den Einstieg in die Wand hin – wichtig für den Rückweg.

Weiter geht es nun den Rücken hinauf, was kaum weniger steil ist, auf dem breiten Hang aber beruhigender wirkt. Den roten Markierungen nach gelangt man zu einem Steinmann auf einem aussichtsreichen Vorgipfel. Vorbei an einer glatten Felswand und an den ersten Schneefeldern geht es auf den nächsten Gipfel zu, von dort über eine schotterige Ebene auf den mit einem Steinmann markierten höchsten Punkt des **Store Tuva.** Nach 2.30 Std. kann man von hier den unverstellten Blick landeinwärts bis nach Sunndalsøra und in die tief ins schneebedeckte Bergland von Trollheimen einschneidenden Täler Litladalen und Sunndalen genießen.

Zurück geht es auf derselben Route, den Markierungen nach wieder hinunter bis zum Beginn des Steilstücks und dort am roten Pfeil links ab. Wo unten die Markierungen aufhören, hält man durch die Senke dann auf eigenen Spuren wieder auf den **Vardhaugen** zu (3.30 Std.). Um den dort nicht mehr markierten Pfad sicher zu finden, geht man bis zum Steinmann: Die Spur zeichnet sich nahe der Kante deutlich ab. Mit dem phantastischen Ausblick über die Landzunge zwischen den Fjorden vor Augen geht es nun den weiten Hang hinunter, in der nächsten Senke passiert man die nach links abzweigenden Spuren und bald die Steinmann-Ansammlung. Erste niedrige Birken säumen den Pfad bald wieder, und auf dem Absatz unterhalb ist schon der Moortümpel zu sehen. Wichtig ist es, die scharfe Kehre wiederzufinden, an der man links über die niedrigen Felsplatten in den Wald absteigt.

Nun geht es an dem kleinen See vorbei, dann etappenweise durch das Wald- und Wiesengelände hinab, vorbei an der Hütte und zum ersten Aussichtspunkt, dem **Halsakammen.** Kurz dahinter ist der alte Fahrweg erreicht, auf dem der restliche Rückweg nun verläuft. Nach 4.40 Std. passiert man den **Hof Hals** und ist wenig später wieder an der Straßengabelung.

Der Kletterwand entgegen

Vom Trollstigen zu den Trolltindane

Zwei Superlative werden auf dieser spektakulären Wanderung verbunden, der Trollstigen, berühmteste Serpentinenstraße Norwegens, und die Kletterreviere an den Trolltindane. Ganz ohne Seil und Haken geht es zur Abbruchkante hoch über dem Romsdalen.

DIE WANDERUNG IN KÜRZE

Anspruch: +++

Gehzeit: 5 Std.

An-/Abstieg: 800 m

Charakter: Alpine Wanderung, die Trittsicherheit auf Block- und Schneefeldern sowie Kondition erfordert. Außerdem ist Schwindelfreiheit eine wichtige Bedingung, um die Tour zu genießen.

Wanderkarte: Turkart Romsdalen, 1 : 80 000

Einkehrmöglichkeit: Trollstigen Fjellstue am Ausgangspunkt der Wanderung

Anfahrt: Auf der Straße Nr. 63 Valldal–Åndalsnes bis zur Fjellstue oberhalb des Trollstigen

---

Oberhalb des **Trollstigen** wendet man sich zwischen den Souvenirbuden hindurch zur Aussichtsplattform. Der asphaltierte Gehweg ist gar nicht zu verfehlen, schon allein wegen des Besucheransturms, der hier bei schönem Sommerwetter herrscht – und bei anderen Wetterlagen sollte man gleich wieder Abstand von dieser Tour nehmen, denn gute Sicht ist erforderlich, nicht zuletzt wegen der atemberaubenden Ausblicke, die am Ziel zu erwarten sind.

Schon nach wenigen Metern verlässt man den »Hauptverkehrsweg« aber schon, um sich spätestens dort, wo das Geländer am Weg unterbrochen ist und dieser leicht abwärts führt, eine der Spuren rechts den Hang hinauf zu suchen. Es gibt hier zahlreiche Steinmänner, allerdings weisen fast alle auf nichts anderes hin als die Verspieltheit so mancher Besucher. Die ursprünglichen Markierungen sind hier unten nicht mehr auszumachen. Über gerundete Felsabsätze steigt man einige Meter an, um auf einem flacheren Stück zu einem mächtigen Steinmann zu gelangen, der tatsächlich als Orientierungshilfe erbaut wurde. Daran vorbei geht es nun auf gleichbleibender Höhe am rechts ansteigenden und links zur Aussichtsplattform abfallenden Hang entlang. Absperrseile, die unsicheres Gelände nahe den Steilhängen umgibt, bleiben links unterhalb. Der Trollstigen, der sich hier aus dem Talschluss des Isterdalen in engen Serpentinen hochschraubt, liegt als deutlich erkenn-

Vom Trollstigen zu den Trolltindane

bares Asphaltband schon weit darunter, begrenzt vom jäh zu Tal stürzenden Bach Stigrøra. Bald ist zurück auch der Parkplatz an der Fjellstue auszumachen. Jenseits davon erhebt sich markant der schroffe Kegel des Bispen, dahinter ragt der Kongen auf; beide thronen hoch über dem grünen Isterdalen.

Doch diesem Panorama wendet man nun den Rücken zu, sucht statt dessen auf dem schmaler werdenden, stellenweise sumpfigen Sims nach dem Pfad, der früher oder später gar nicht zu verfehlen ist. Er geht streckenweise in eine karrenbreite Spur über, die sich bald gabelt. Man hält sich geradeaus und folgt wieder dem Trampelpfad. Voraus liegen die Hänge des Kartales Stigbotn, aus dem ein Wasserlauf herunterfließt, um weiter unterhalb ebenfalls in einem hohen Wasserfall zur Straße abzustürzen. Rechts daneben ist auch aus einiger Entfernung die Serpentinenspur zu erkennen, auf der die Wanderung bald verlaufen wird. Nach 30 Min. ist der Bach fast erreicht, und es geht nun unweit seines Ufers auf dem gewundenen Pfad kräftig hangaufwärts. Auch wenn der Weg im bewachsenen Terrain insgesamt deutlich zu sehen ist, kann er doch zwischen einzelnen Geröllbrocken vorübergehend verloren gehen. Dann hilft nur, ein paar Meter querfeldein hochzusteigen – rückblickend fällt die Spur dann meist schnell ins Auge.

Falsch gegangen ist man, wenn eine Spur direkt zum Ufer hinunterführt, als solle man furten, denn man bleibt auf der rechten Bachseite. Gut 150 Höhenmeter werden in Sichtweite der oft schneebedeckten Bachkerbe überwunden, bevor das Gelände wieder ebener wird. Bei einem Seitenbach von rechts, der auf Steinen gequert wird, erhebt sich ein klotziger **Steinmann**. Kurz darauf ist die geröllübersäte Schwelle der riesigen Karschüssel Stigbotn erreicht und der Wasserlauf weit und breit nicht mehr zu sehen. Hier biegt bei einem besonders hoch aufragenden Steinmann die Route nahezu rechtwinklig nach links ab (1 Std.). Durch ein flaches Blockmeer, aus dem sich einzelne Steinmänner gut sichtbar hervorheben, hält man auf die nördlichen Hänge des Stigbotn zu. Unterwegs gluckst und plätschert es im Untergrund, doch kann man den Abfluss des Stigbotnvatnet meist trockenen Fußes auf dem Geröllfeld überqueren. In Laufrichtung voraus liegt der Sattel zwischen dem Breidtind und dem Storgrovfjellet etwa 350 m höher. Ein geschickt platzierter Steinmann ist schon aus dieser Entfernung zu erkennen und bestätigt die Vermutung, dass es dort hinaufgehen soll. Doch bevor es mühsam wird, führt der Pfad zunächst noch ein Stück bequem den begrünten Hang in sanftem Neigungswinkel schräg bergan. Nun kommt endlich auch der See **Stig-**

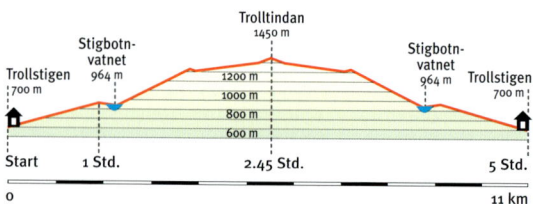

Vom Trollstigen zu den Trolltindane

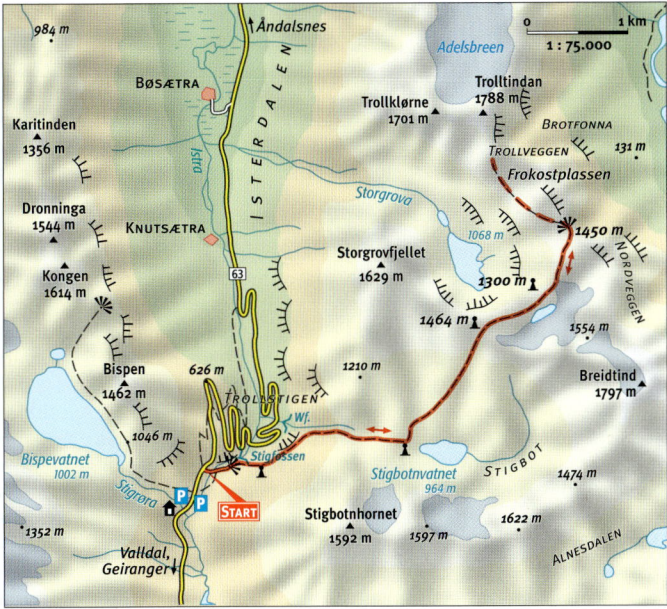

botnvatnet in Sicht, der den Karboden füllt. Ein seichter, breit aufgefächerter Bach verschafft dem See auch von dieser Hangseite Zulauf und wird auf Steinen überquert.

Dann beginnt das schwierigste Stück der Tour, das grobe Blockfeld, das sich bis zum Sattel hinaufzieht. Mühsam und den Blick fest auf den zerklüfteten Untergrund geheftet, hangelt man sich von Stein zu Stein, und leicht kann dabei das Gefühl aufkommen, diese Etappe werde wohl nie enden. Nur der Ausblick zurück auf das von schroffen Wänden umrahmte Kartal und dahinter über das Isterdalen hinweg auf die Bergzinnen von Bispen und Kongen entschädigt in den Erholungspausen für die Mühe. Nach knapp 2 Std. sollte diese Passage bewältigt und der **Steinmann** oben auf dem Sattel erreicht sein. Voraus blickt man nun schon in eine flache, schneegefüllte Mulde. Links wölbt sich das Gelände nur wenig, ein dort anschließender, steil abfallender Kar im Storgrovfjellet liegt noch außerhalb des Blickfelds. Rechts begrenzt der schroffe Höhenzug des Breidtind, der voraus in die Trolltindane übergeht, die weiße Mulde. Man sucht sich eine Route in diese Richtung, zwischen der langgezogenen Senke und dem sanft gewölbten Rücken entlang, wobei es keine Rolle spielt, wo diese genau verläuft. Wer sich unterwegs mehr nach links orientiert, trifft eher auf die dort gelegenen Steilhänge des Kars, wer sich mehr zur Senke hin hält, bekommt diesen Anblick etwas später geboten. In beiden Fällen sieht man eine mächtige Felsnadel, die aus den Trolltindane markant aufragt. Rechts davon liegt der Aussichtsplatz, der angesteuert werden soll und allmählich in Sicht kommt. Dort steigt das gleißend hel-

Vom Trollstigen zu den Trolltindane

le Terrain zwischen schroffen Zinnen mäßig an, und dahinter ist schon das Nichts zu erahnen, in dem die Trollberge ins Romsdalen abstürzen. Bei einem schneefreien Felsblock, der die Markierung »1300 m« trägt, passiert man eine letzte Vertiefung, hinter der links das Kartal steil in das Storgrovfjellet einschneidet. Unten leuchtet ein See bläulich-türkis auf. Man lässt dies grandiose Panorama hinter sich und beginnt den letzten Aufstieg zur **Abbruchkante,** knapp 150 m höher gelegen. Dort angelangt, wird man nach etwa 2.45 Std. mit einer neuen atemberaubenden Aussicht belohnt. Aus gut 1400 m Höhe schaut man ins Romsdalen hinunter, das hier schon fast auf Meeresniveau liegt. Ameisengroß wirken die Autos auf der Straße und dem unterhalb gelegenen Parkplatz. Senkrecht fallen die gletschergeschliffenen Wände hier ab, oben von wilden Zacken umkränzt, unten in mächtigen Geröllkegeln fußend.

Die links angrenzenden, bis zu 1800 m hohen Trollveggen stellen mit ihren mehr als 1000 m senkrecht aufsteigenden Wänden ein Kletterrevier der Spitzenklasse dar. Nach der Erstbesteigung des Trollryggen 1958 durch zwei norwegische Bergsteiger setzte eine ganze Welle von Expeditionen ein, in deren Verlauf bislang ein Dutzend Routen bewältigt wurden. Unfälle gab es nur durch eine andere Nutzung der Trollwand, nämlich als Startplatz für Fallschirmspringer.

Der Rückweg erfolgt auf derselben Route, doch sieht so manches aus dieser Richtung neu aus: Beim Abstieg vom Sattel ist es wichtig, nicht zu weit nach links zu gehen, denn dort wird das Gelände steiler. In Laufrichtung sollte von hier oben schon der Parkplatz am Trollstigen zu sehen sein. Hat man den Sattel überwunden, hält man am breit aufgefächerten Bach nach dem nun wieder deutlich erkennbaren Pfad Ausschau, kommt auf ihm zum Geröllfeld an der Schwelle des Kartales und überquert es mit Hilfe der Steinmänner. Die Spuren verzweigen sich etwas, man nimmt die mittlere. Der klotzige **Steinmann,** an dem der Abstieg – nun nach rechts – beginnt, ist auch aus dieser Richtung weithin erkennbar. Wieder unten, verlässt der Pfad den Bachlauf und verläuft sich wenig später auf dem Absatz oberhalb der Aussichtsplattform. Hier sollte man unbedingt bis zu jenem Steinmann gehen, auf den man beim Hinweg zuerst traf, denn nur von dort aus geht es ohne steile Partien zum Asphaltweg hinunter. Nach gut 5 Std. ist die Fahrstraße an den Souvenirbuden wieder erreicht.

Abstecher zum Frühstücksplatz

Vom Ziel der Wanderung aus ist ein Abstecher zu einem zweiten Aussichtspunkt oberhalb der Trollveggen möglich, allerdings verläuft er entlang steilerer Hänge, als auf dem zurückliegenden Wegstück zu bewältigen waren. Nach der Senke in 1300 m Höhe geht es ansteigend im Linksbogen unterhalb der Gipfelzinnen und in die folgende Kerbe hinein. »Frokostplassen«, Frühstücksplatz, nennen die Kletterer diesen Aussichtspunkt mit gehörigem Understatement. Trittsicherheit in steileren Schnee- und Geröllhängen ist erforderlich, um ihn in einer weiteren halben Stunde zu erreichen.

Blick ins Romsdalen

Vom Trollstigen zu den Trolltindan

Umringt von Zinnen

Durch Hochtäler rund um den Kammen

Im Hinterland von Romsdalen ist die Bergwelt alpin; schroffe Gipfel, Bergkegel und Felszinnen lassen die Kräfte der Eiszeiten erahnen, denen auch die wasserreichen Trogtäler ihre Gestalt verdanken.

DIE WANDERUNG IN KÜRZE

Anspruch: ++

Gehzeit: 5 Std.

Länge: 15 km

Charakter: Talwanderung durch wenig schwieriges, aber teils moorig-feuchtes Gelände, in dem sich der Weg streckenweise verliert. Dennoch ist die Orientierung einfach. Drei Bäche werden gefurtet. Achtung: Im Sommer weiden Kühe rings um Foghaugstova.

Wanderkarte: Turkart Romsdalen, 1 : 80 000

Einkehrmöglichkeit: Unbewirtschaftete, aber für Wanderer zugängliche Hütte »Fattig og Rik«

Anfahrt: Von Åndalsnes auf der E 136 fjordauswärts bis zum Nachbarort Innfjorden, dort taleinwärts Richtung Bøstølen, ab Berill mautpflichtig. Unterwegs orientiert eine Tafel über die Umgebung. Man fährt ab Mautstelle gut 6 km bis zum großen, links der Schotterstraße gelegenen Parkplatz hinter den Ferienhäusern bei Bøstølen (Schild »Røsta«; geradeaus führt die Fahrspur leicht bergan zu einer Brücke und endet kurz dahinter).

Am **Parkplatz bei Bøstølen** führt eine schlechte Fahrspur zu einer Furtstelle im Bach hinunter; sie ist mit einem etwas verwitterten hölzernen Wegweiser Richtung »Fattig og Rik« markiert. Diesem Wegweiser folgt man über eine erste Brücke, vorbei an alten Setergebäuden und über eine zweite, jenseits geht es nach rechts und dann über ein schmaleres Rinnsal hinweg. Nun ist die Fahrspur erreicht und wird ein kurzes Stück verfolgt. Jenseits des Wasserlaufs liegen die hölzernen Gebäude eines alten Seters. Sobald die Fahrspur einen Linksbogen weg vom Bach macht, verlässt man sie gleich wieder und hält sich geradeaus auf

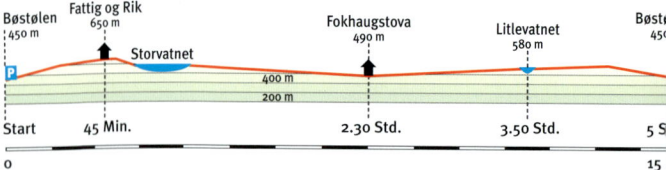

Durch Hochtäler rund um den Kam..

einer grasigen Schneise zwischen Bäumen weiter in Bachnähe. Nach kurzer Zeit wird aus dieser Schneise ein deutlicher Wanderpfad, ein neues Ferienhaus wird passiert, und die Orientierung ist in nächster Zeit kein Problem mehr. Es geht merklicher bergauf, und bald ist ein erster schöner Aussichtspunkt bei einigen markanten Kiefern erreicht.

Der Bach hat hier eine schöne Schlucht gegraben und fällt als schmales Band tief hinein. Zurück sind das Tal bei Bøstølen und die angrenzenden Bergzüge weit zu überblicken. Schroff erheben sich Nonstinden und Middagstinden zur Linken, rechts überragt der Sjøboltinden als einsamer Klotz das Tal um 1000 m. Nur der Kammen, der auf der Wanderung umrundet werden soll, entzieht sich den Blicken noch etwas; seine zu dieser Seite sanfteren Hänge steigen erst weiter voraus aus dem bewaldeten Gelände auf.

Bald ist der erste Anstieg geschafft, der Wald lichtet sich und macht moorigen Wiesen Platz. Auf Trittsteinen wird ein erster schmaler Bach gequert, voraus kommt in einiger Entfernung die rote Hütte »Fattig og Rik« erstmals in Sicht. Ein weiterer Bach in einem Feuchtstück wird auf Steinen überwunden. Das Gelände ist hier oben im Hochtal gewellt und kleingliedrig. Ein flacher, zugewachsener Tümpel liegt am Weg, dann ist nach 45 Min. die **Hütte** erreicht. Wie ihr Name verspricht, ist sie zugänglich für »Arm und Reich«, Wanderer sind also willkommen, sich in der unbewirtschafteten, liebevoll eingerichteten Unterkunft aufzuhalten. An Wochenenden nehmen etliche Norweger dieses Angebot wahr, sei es zum Wandern oder zum Angeln in den umliegenden Seen. Der **Kristoffertjørn** ist gleich unterhalb der Hütte zu finden, und zu ihm geht der Pfad auch weiter, passiert ihn und steigt wieder etwas einem Steinmann ist der höchste Punkt im Tal erreicht, und ein neues Panorama eröffnet sich: Unterhalb liegt der **Storvatnet**, eingerahmt vom Kammen rechts, dem höheren Taskedalshornet links und dem schroffen Storådalshornet gegenüber.

Durch Birkenwald geht es zum See hinunter und zu einer kleinen Landzunge, wo die Spuren bei einem Bootsschuppen recht unvermittelt enden (1 Std.). Man hält sich dann rechts und folgt dem Seeufer unterhalb des Kammen. Hier sind keine durchgehenden Pfade zu finden. Wegen des teils moorigen Wiesengeländes ist es ratsam, in der Nähe des Baumbewuchses zu wandern, der sich etwas oberhalb erstreckt. Über den See hinweg zieht ein großes Kartal die Blicke auf sich, das steil in das Geitefjellet einschneidet. Bald kommt voraus ein Bootsschuppen in Sicht, oberhalb dann ein Ferienhäuschen. Es geht zwischen beiden hindurch auf den Seeabfluss zu, der nun auf einer Brücke überquert wird (1.30 Std.).

Jenseits trifft man sofort wieder auf einen Pfad und folgt ihm nach rechts das Langedalen hinab, zunächst ab und zu über kurze Sumpfstücke hinweg. Bald wird der Untergrund jedoch trockener und der Weg deutlicher. Neue Berge kommen in Sicht, voraus begrenzen Fokhaugtinden und bald auch Litlevasstinden das weiter werdende Tal jenseits. Auch der Kammen wirkt aus dieser Perspektive schroffer als bisher. Unterhalb ist der Zusammenfluss der Bäche vom Storvatnet und Litlevatnet erkennbar, die Route biegt allmählich in das Haupttal herum. Eine Weile geht es nun bequem auf gutem, teils markiertem Weg dahin, man hat Zeit, das weite Trogtal mit den steilen Bergflanken und der birkenbestandenen Bachaue ausgiebig zu betrachten.

Nach einer Weile trifft man auf einen kräftigen Seitenbach. Er kommt aus dem oberhalb in den Ådalstinden gekerbten Hängetal heruntergerauscht und kann auf einer Brücke überwunden werden. Zwei schmächtigere Nebenarme werden kurz darauf mittels Steinen gequert (2.15 Std.). Nun sollte man zur Orientierung schon nach der großen Wanderhütte **Fokhaugstova** am jenseitigen Ufer des Hauptbaches Ausschau halten. Etwa 15 Min. kann man dem Wanderweg noch folgen, dann heißt es, Spuren nach rechts zu finden, die auf die Hütte zu- und zu einer Brücke führen. Das Bachtal ist hier deutlich eingekerbt, so dass man ein Stück absteigen muss. Jenseits der Brücke führt ein Trampelpfad steil zu der unbewirtschafteten, meist verschlossenen Unterkunft hinauf. Die Sitzbank auf der offenen Terrasse lädt zu einer gemütlichen Rast ein.

Von der Foghaugstova folgt man dem Pfad, der zwischen Nadelbäumen kurz bergan steigt. Es geht auf der neuen Talseite im spitzen Winkel zur bisherigen Laufrichtung zurück. Der Kammen dominiert voraus das Bild. Wie eine Insel erhebt sich der Bergkegel zwischen den Talzügen. Der Weg führt durch schütter bewaldetes Gelände und ist zunächst noch trocken und gut erkennbar. Oft sieht man Kühe an den grünen Hängen ringsum weiden. Wenn das Terrain nach 2.45 Std. allmählich offener und mooriger wird, heißt es wieder öfter Ausschau nach der Spur halten. Nur vereinzelt helfen verwitterte, einst wohl rote T an Felsbrocken bei der Suche, und auch die eigentlich recht zahlreichen Steinmänner sind oft unscheinbar und erst bei genauem Hinsehen zu finden. So wird man auf dieser Etappe vermutlich nicht sehr schnell vorankommen. Wieder wird der Zusammenfluss der Bäche passiert, voraus steigt das Tal leicht zum noch unsichtbaren Litlevatnet an. Nach etwa 3.30 Std. ist ein kräftiger Seitenbach erreicht und muss gefurtet werden. Er entwässert den Karsee im Brynbotn und kommt rauschend aus dem Seitental herunter. Hat man dieses Hindernis überwunden, kann man seine Furtschuhe gleich anbehalten, denn im moorigen Terrain verliert sich die Spur fast völlig. Man hält nun bald auf den Hauptbach zu, der voraus aus dem schmalen Litlevatnet entspringt. Spätestens dort, wo dieser Bach ohne erkennbare Strömung in deutlichem Bogen aus dem See herauskommt, wird nun auch er gefurtet. Jenseits sind gleich wieder Spuren zu finden, und spätestens am **Litlevatnet** vereinen sie sich zu einem deutlichen Pfad, der unmittelbar an der Wasserlinie entlangführt. Nach 4 Std. quert man eine flache Landzunge, dahinter steigt der Weg ein paar Meter an und führt mit etwas mehr Abstand am nun wieder üppiger bewaldeten Seeufer entlang. Steil steigen die Berghänge zu beiden Seiten an. Am Ende des Sees liegt ein nächster kleiner Schuppen mit einem Boot für Angler, die aus den Ferienhäusern von Bøstølen hierherkommen. Hat man den Litlevatnet hinter sich gelassen, steigt der Pfad ein letztes Mal an und überwindet die flache Wasserscheide des Tals, das sich dahinter Richtung Bøstølen öffnet. Die weite Aussicht über Bergflanken und Gipfel begleitet das letzte Stück des Weges hinunter; bald ist er wieder gesäumt von Kiefern- und Birkenwald und verläuft parallel zu einem rauschenden Bach. Die ersten Ferienhütten kommen in Sicht, dann ist nach knapp 5 Std. die Schotterstraße erreicht. Nach links über die Brücke gehend, gelangt man auf ihr gleich darauf zum **Parkplatz** zurück.

Bergland am Kammen

Postkartenansichten

Zum Aussichtspunkt am Geirangerfjord

Wer kennt sie nicht, die berühmten Ansichten von Norwegens bekanntestem Fjord. Die wenigsten Besucher sehen ihn aber von jener Seite, auf der sich die Felskanzel bei Homlongseter erhebt. Von dort eröffnen sich großartige Ausblicke auf Wasser und Land.

DIE WANDERUNG IN KÜRZE

Anspruch: +

Charakter: Etwas anstrengende, aber problemlose Wanderung auf markiertem Pfad, teils recht steil

Gehzeit: 3 Std.

Wanderkarte: TK 1 : 50 000, Blatt 1219 II, Geiranger

Einkehrmöglichkeiten: Keine

Anstieg: 560 m

Anfahrt: Im Ort Geiranger zum Campingplatz fahren, daran vorbei dem Uferweg 2 km fjordauswärts nach Homlong folgen. Am dortigen Campingplatz Fjelltunet beginnt der markierte Wanderweg zum Homlongseter und zum Aussichtspunkt. Achtung: Am Einstieg gibt es nur wenige Parkmöglichkeiten. Daher sucht man sich entweder am Uferweg einen Halteplatz oder wandert gleich von Geiranger aus los (hin und zurück zusätzlich etwa 45 Min.).

Kurz bevor die Uferstraße in **Homlong** endet, zeigt ein Wegweiser deutlich nach links Richtung Homlongseter den Beginn des Wanderwegs an. Er führt an den Feldsteinmauern des Kulturlandes entlang unter Bäumen aufwärts und passiert gleich darauf ein Gatter. Es geht nun auf blanken Felshängen bergan, die gut mit roten Punkten markiert sind. In kleinen Felsritzen und Mulden klammern sich vereinzelt schmale Grasstreifen, Büsche oder niedrige Bäumchen fest, während zurück die Ausblicke auf den Fjord mit jedem Schritt bergauf großartiger werden. Man sieht den kleinen, im Sommer ständig überlaufenen Ort an seinem inneren Ende, und meist liegt davor ein Kreuzfahrtschiff auf Reede. Wenn gerade ein neues einläuft, dann hallen die Fjordwände vom dumpfen Tuten oder ein paar Salutschüssen wider. Aber das laute Treiben an Norwegens meistbesuchtem Fjord ebbt trotz der guten Akustik zwischen den Felswänden doch allmählich ab, während man dem Wanderweg nun entlang bewaldeter Hänge weiter aufwärts folgt. Immer wieder ergeben sich schöne Aus-

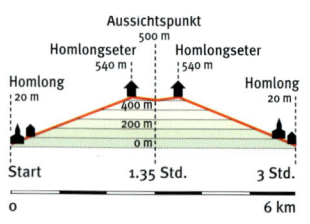

Zum Aussichtspunkt am Geirangerfjord

blicke auf die dunkle Wasserfläche rechts unterhalb, die hier und da durch das helle Laub hindurchblitzt. Auch die Serpentinen der Fahrstraße Ørnesvingen, Geirangers einziger Ganzjahresverbindung mit der Außenwelt, sind am jenseitigen, steilen Hang deutlich zu erkennen.

Nach 20 Min. liegen eine kleine Hütte und ein markanter Steinmann am Weg, gleich darauf durchquert man ein weiteres Gatter. Die Aussicht nach unten ist etwas verdeckt. Durch dichten Laubwald, unter dem üppige Farne wuchern, geht es gleichmäßig aufwärts. Kleine Rinnsale rieseln von den Felsen, ein Bach wird überquert. Im freier werdenden Gelände erblickt man wieder den Fjord, an dessen jenseitiger Steilwand ein Wasserfall in einer schroffen Kerbe zu Tal stürzt. Der Weg ist zwischendurch mit Steinplatten regelrecht stufig angelegt. Um eine markante Haarnadelkurve herum erreicht man nach etwa 1.30 Std. den höchsten Punkt der Wanderung bei den Almhütten von **Homlongseter.** Auf einer flachen, grasigen Kuppe unweit eines plätschernden Wasserlaufs liegen malerisch die niedrigen alten Gebäude, vor denen eine Bank zu einer Rast einlädt. Allerdings weist ein Schild an der oberen Hütte geradeaus weiter Richtung Skageflå, wo einen nach wenigen Minuten die spektakuläre Aussicht auf den 500 m tiefer gelegenen Fjord erwartet. So wird man wohl den letzten kurzen Abschnitt der Strecke doch gleich in Angriff nehmen, zunächst etwas bergab durch eine grasige Senke. Nach 5 Min. biegt man an einem großen Felsbrocken am Weg nach rechts und folgt den roten Markierungen, bald im Linksbogen, bergab zu dem Felsplateau, um von dort den herrlichen Ausblick auf den **Geirangerfjord** zu genießen.

Der Meeresarm, dessen Flanken beiderseits steil und uferlos zu über 1000 m hohen Bergrücken aufsteigen, ist von hier auf weite Strecken zu überblicken. Gegenüber fallen die Wasserschleier der Sjusystre in mehreren Armen zum Fjord hinunter. Rechts daneben liegt der aufgegebene Hofplatz Knivsflå, einer jener

Zum Aussichtspunkt am Geirangerfjord

Blick auf den Geirangerfjord

unvorstellbar einsam gelegenen Siedlungsplätze, die sich entlang der senkrechten Felswände auf winzigen Absätzen festkrallen und deren Bewohner die Außenwelt oft nur über das Wasser erreichten. Auch wenn der Geirangerfjord für sein mildes Klima bekannt ist, in dem auch heute noch Obstbäume gedeihen, mag man kaum glauben, dass einige dieser Einödhöfe noch bis in die 70er Jahre des 20. Jh. bewohnt waren.

Auf derselben Route geht es nach **Homlong** zurück (3 Std.).

Geiranger

Der kleine Ort Geiranger am Fjordende ist eine Touristenhochburg und hat zehnmal soviel Gästebetten wie Einwohner, bei insgesamt einer halben Million Besucher pro Saison. Was die vielen Gäste hierher lockt, ist das großartige Panorama aus Fjord und Fjell. Man kann es auf der Fahrt vom Ottadalen auf der R 58 schon von hoch oben genießen: entweder vom 1500 m hohen Aussichtsberg **Dalsnibba,** zu dem sich eine mautpflichtige Straße ab der Djupvasshytta abenteuerlich hinaufschwingt, oder später vom Aussichtspunkt **Flydalsjuvet,** wo am überhängenden Rand der steilen Schlucht die Postkartenfotos geschossen werden, für die Geiranger bekannt ist. Groß ist auch das Gedränge unten im Ort, besonders rund um die Touristinformation, die Souvenirläden und den Schiffsanleger.

Eine **Bootsfahrt** mit einem Ausflugs- oder Fährschiff durch den Fjord lohnt sich allerdings wirklich. Wer sein Auto stehenlassen will, kann die Fähre nach Hellesylt hin und zurück buchen. Unterwegs werden die wichtigsten Sehenswürdigkeiten entlang der Strecke mehrsprachig kommentiert. Teurer ist die Fahrt mit einem der Ausflugsboote, die dichter an die Steilwände heranfahren, aber häufig recht überfüllt sind.

… Ins bergige Hinterland des Tafjorden

Stauseen im Hochgebirge

Tour 14

Ins bergige Hinterland des Tafjorden

Durch liebliche Flusslandschaft geht es ins raue Gebirge, wo zwischen schneemarmorierten Gipfeln und Rücken große Stauseen die Talsenken füllen. Auf dem Rückweg schweift der Blick über weite Hänge, aus deren Grün sich die Wasserflächen der Kaldhussætervatna abheben.

DIE WANDERUNG IN KÜRZE

+++ Anspruch

6.15 Std. Gehzeit

18 km Länge

Charakter: Anfangs einfache, dann anspruchsvolle Wanderung auf markierter Route, die Trittsicherheit und Erfahrung in alpinem Gelände erfordert. Einige oft noch im Hochsommer liegengebliebene Altschneefelder auf abschüssigem Gelände können diese ansonsten mittelschwere Tour für Unerfahrene zum Wagnis machen. Besonders eine Kerbe im steilen Ufer des Slettdalsvatnet ist meist schneegefüllt. Man sollte mit solchen Geländearten schon Erfahrung gesammelt haben, um jederzeit entscheiden zu können, was man sich zutrauen kann.

Ausrüstung: Stulpen, Stock, Grödeln

Wanderkarte: TK 1 : 50 000, Blatt 1319 III, Tafjord

Einkehrmöglichkeiten: Keine; zwei unbewirtschaftete Schutzhütten

Anfahrt: In Valldal führt von der Straße Nr. 63 (Åndalsnes–Geiranger) eine Stichstraße fjordeinwärts. Durch zwei Tunnels gelangt man in die Ortschaft Tafjord. Man folgt den Schildern Richtung Kaldhussæter/Reindalsæter. Hinter dem Onilsavatn verzweigt sich die Fahrspur, man bleibt auf der geradeaus weiterführenden, die bald steil und schmal zum Kaldhusdalen hinaufführt, vorbei an der DNT-Hütte Kaldhusseter. Sehr große oder schwach motorisierte Fahrzeuge können mit dieser Strecke Probleme bekommen. Die Straße endet auf dem Gelände des Kaldhussætra; auf dem großen Schotterplatz davor kann man parken.

Vom **Parkplatz Kaldhussætra** führt die Straße direkt in das Hofgelände hinein, durchquert es und endet bei einer Kraftwerksanlage. Eine schmale Brücke weist den Beginn des Wanderwegs, der von nun an mit den bekannten roten T markiert ist. Rechts liegt nicht weit entfernt der **Kald-**

hussætervatnet, zu dessen Ufer der Pfad sich bald hinunterwindet. Es geht durch üppiges Birkengestrüpp. Zum Ende des Sees hin wird der Bewuchs lichter, glatter Fels tritt hier und da hervor, dann ist die Bachmündung in den Kaldhussætervatnet erreicht. Wie über eine Wasserrutsche sprudelt der Bach die Felsplatten hinunter, wird von riesigen Steinbrocken in seinem Lauf unterbrochen, fächert sich auf und fließt in einer kleinen Gumpe wieder zusammen. Wäre man nicht gerade erst losgewandert, dann müsste man in diesem Idyll unbedingt eine Pause einlegen. Ein Stück flussaufwärts wird eine erste **Brücke** nach 30 Min. überquert. Immer wieder bildet der Wasserlauf zur Linken hübsche Kaskaden und kleine Tümpel, dann verbreitert er sich zum ersten stillen Teich. Sauergräser säumen die moorige Uferzone, die durch einen breit aufgefächerten Seitenbach dauernd berieselt wird. Etwas mühsam muss dieser nasse Wegabschnitt überwunden werden, dann führt die Spur wieder bequemer um den kleinen See herum, der sich nach einer Biegung zu einem größeren ausdehnt, jenseits begrenzt von steilen Felsufern, über die der Talbach ein paar Meter abstürzt. Verwunschen windet der Pfad sich zwischen moosüberzogenen Felsbrocken und dichtem Strauchwerk aus Weide und Birke am Ufer entlang, steigt dann einige Meter stufig zum Steilfelsen hinauf und umrundet ihn auf schmalem Sims – eine schöne Aussichtsstelle. Gleich dahinter liegt die nächste Brücke.

Am jenseitigen Ufer führt die Spur dann in einer deutlichen Rechtskehre den nächsten Felsabsatz hinauf. Bald kommt ein weiterer See in Sicht, wieder eingerahmt von hufeisenförmigen Steilufern. Auch die Wanderroute verläuft nun durch eine Felsstufe, dicht am fast überhängenden Gestein geht es problemlos hinauf. Gleich folgt der größere **Illstigvatnet** (1 Std.). Das flache Gelände ist von moorigen Stellen durchsetzt, dann wieder liegt der glatte Felsgrund bloß. Unterhalb kommt am Seeufer eine Hütte in Sicht, weiter voraus ist der Talschluss schon zu erkennen: ein weites Halbrund aus Gras- und Geröllhängen, durchsetzt von Felsbahnen und nicht selten bis in den Juli noch mit Schneeflecken gesprenkelt. Der höhere Bewuchs lässt nun schon deutlich nach, außer den Masten einer Stromleitung verstellt nichts mehr den Blick. Unter der Leitung hindurch und dann in etwa parallel zu ihr geht es auf das Talende zu; wieder füllt ein kleiner See rechts unterhalb eine Senke. Ein Steinmann am Wege fällt durch ein »Fenster« auf; solche Gucklöcher markierten an manchen zweifelhaften Stellen früher die Blick- und Laufrichtung. Dieses nimmt eine letzte Senke ins Visier, zu der die Spur hinunterführt. Die geschützte Mulde ist von Birkengestrüpp bestanden, durch das man sich hindurcharbeiten muss, bevor es wieder aufwärts geht. Im Talschluss wird das Gelände nun steiler, über Geröll und Fels windet der Pfad sich hangaufwärts, immer deutlicher markiert und erkennbar – solange nicht Schneefelder ihn verdecken. Er schwenkt in eine trockene Bachkerbe ein und führt darin weiter hinauf. Bald ist oben eine kleine Steinhütte auszumachen, die zum Stauwerk des noch unsichtbar dahinterliegenden **Slettdalsvatnet** gehört. Die Spur bleibt am linken Rand des ehemaligen Bachbetts, windet sich durch einige Fels-

Ins bergige Hinterland des Tafjorden

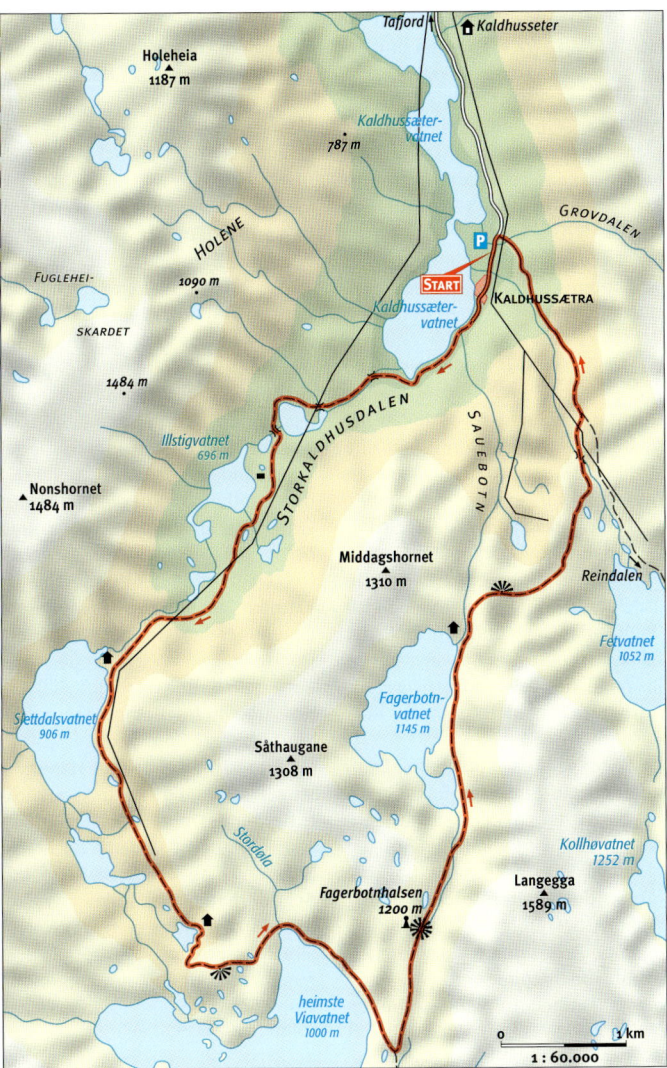

brocken und erreicht oben auf einer Landzunge am See die erste **Wanderhütte,** die unbewirtschaftet, aber offen ist und bei ungünstigem Wetter Schutz bietet (1.45 Std.).

Am Ufer entlang geht es nun weiter, zunächst auf Seehöhe, wenig später wieder aufwärts. Die Stromleitung läuft parallel. Der schnell steiler werdende Abhang wird bald von einer Kerbe unterbrochen, die sich von den oberhalb gelegenen Steilfelsen bis zum Wasserspiegel tief unterhalb zieht und in der meist

Ins bergige Hinterland des Tafjorden

ein Schneefeld den Sommer überdauert. Mit Stock, Grödeln und etwas Erfahrung kommt man sicher hinüber, doch kann an dieser Stelle nur jeder selbst entscheiden, ob er sich diese Passage zutraut. Auch wer sich hier zum Umkehren entschließt, hat zweifellos eine lohnende Wanderung erlebt.

Ist dieses größte Hindernis der gesamten Strecke überwunden, dann geht es wieder ganz ohne Nervenkitzel am hohen Ufer entlang, bald in flacher werdende Hänge, die hinter dem See in einem weiten Hochtal auslaufen. Noch immer begleitet die Stromleitung links die Wanderroute, vorbei an kleineren und größeren Tümpeln, Felskuppen und Moorflecken. Eine kleine Scharte wird durchquert, dann taucht voraus, gut getarnt, die nächste **Hütte** auf: Der grüne Anstrich passt sich nahtlos der Umgebung an. Erst spät fällt auch ein Wettermessinstrument ins Auge, das davor aufgerichtet ist. Nach 2.30 Std. bietet sich hier eine Rast an.

Weiter geht es in bisheriger Laufrichtung auf eine sich links in die Felshänge hochziehende Scharte zu, die gequert wird; die Markierungen bleiben dann rechts davon und führen den breiten Rücken mäßig hinauf. Oben eröffnet sich ein neues Panorama, das nun wirklich das Attribut »hochalpin« verdient, denn die mächtigen Bergzüge erheben sich schroff, unbewachsen und vor Firnfeldern kontrastiert, dunkel über einer weiten Talsenke, in deren Boden der Doppelsee heimste und fremste Viavatnet gestaut ist. Eisschollen treiben vielleicht noch hier und da auf der milchig-hellblauen Wasserfläche und verstärken dann den lebensfeindlich-frostigen Charakter der Berglandschaft.

Der Pfad wendet sich nach links, überquert den flachen Rücken und führt bald abwärts, auf die **Mündung der Stordøla** in den Stausee zu. Auf ein paar Steinen kommt man trocken über den Wasserlauf, dann weisen die Markierungen wieder hinauf und ins kniehohe Buschwerk, das die Uferzone bedeckt. Je nach Wasserstand sind um die Seekante herum vielleicht bleiche Felsschotter freigelegt, denn der Wasserspiegel kann im Sommer um etliche Meter gegenüber dem Höchststand fallen. Doch eignen sich die steilen Ufer auch bei »Ebbe« nicht gut zum Gehen, und so folgt man besser dem Pfad ins Gestrüpp. Bald verläuft er hoch am schräg geneigten Hang entlang. Erst wenn dieser links zurücktritt, wendet die Spur sich etwas vom Viavatnet ab und trifft nach 3.30 Std. an eine **Weggabelung mit Schilderbaum**. Im spitzen Winkel nach links geht es dem Wegweiser »Kaldhusseter om Fagerbotn« nach. Auch wenn auf dem nun folgenden Wegstück die Spuren undeutlicher

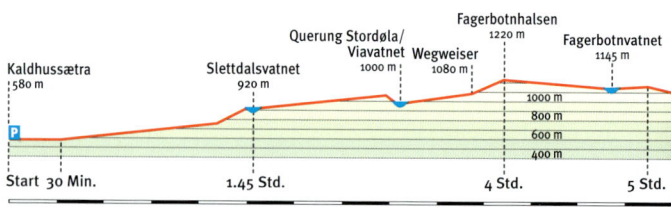

werden – die meisten Streckenwanderer scheinen auf dem als Hinweg beschriebenen Abschnitt zum Kaldhusseter zu gehen, also »om Storkaldhusdalen« –, so sind doch immer wieder Markierungen zu finden. Die Route erklimmt nun entlang eines breiten Grates den **Fagerbotnhalsen**. Schon unterwegs zu diesem höchsten Passübergang der Wanderung ist die Aussicht zurück beeindruckend, phantastisch aber oben am exponiert aufgestellten **Steinmann** in ca. 1200 m Höhe. Ein letztes Mal liegt nach 4 Std. das ganze hochalpine Panorama vor einem, dann wendet man ihm den Rücken zu und quert den breiten, felsigen Passübergang zum Fagerbotn. Sanft fällt das Gelände zum nur 50 m tiefer gelegenen, grasig-feuchten Talboden hin ab, der zur Rechten von den schroffen Berghängen des Langegga überragt wird. Voraus breitet sich der **Fagerbotnvatnet** aus, dessen Zulauf bald an einer markierten Furtstelle überquert wird. Bei mittlerem Wasserstand sollte das trockenen Fußes über Steine möglich sein.

Nun wandert man zwischen den Hängen des Langegga und dem Bach-, später dem Seeufer auf breitem, flachen Grasgelände dahin, das von unzähligen Rinnsalen durchzogen und deshalb recht nass ist. Erst zum Seeende hin ändert sich das Gelände wieder, steigt zu einem flachen Querrücken an, von dem aus man nach etwa 4.30 Std. voraus die nächste **Schutzhütte** erblickt. Sie steht jenseits einer trockenen Bachkerbe an der Staumauer. Die Route bleibt diesseits des Einschnitts und führt gleich ein paar Meter hangaufwärts. Unten liegt im jenseitigen Felshang der Ausgang des Stollens, der den Wasserstand des Fagerbotnvatnet reguliert: Schon seinetwegen eignet sich die Bachkerbe nicht zum Wandern. In sicherem Abstand dazu überwindet die schmale Spur den steilen Schotterhang, schwenkt bald leicht rechts und quert den hier sanfter geneigten Bergrücken. Noch immer beträgt die Höhe fast 1200 m, und von hier oben verstellt nichts den Blick auf den mächtig ins Bergland eingeschnittenen Talzug Storkaldhusdalen, in dem die Wanderung begann. Weiter führt die Route im Rechtsbogen auf dem Rücken dahin, und schnell öffnet sich in diese Richtung ein neuer Blick. Dort liegt der Fetvatnet, umgeben von felsigen Steilhängen. Vor diesem Panorama beginnt man den Abstieg. Zügig und teils in kleinen Serpentinen verliert der Weg an Höhe. Erst allmählich wendet die Route sich wieder mehr links und dem Haupttal zu. Der Grund für diesen Umweg liegt unterhalb der Wanderroute in Form eines steil abfallenden Halbrunds im Berghang, das auf diese Weise sicher umgangen wird. Der Sattel wird breiter und flacher, der Fetvatnet verschwindet aus dem Blickfeld, und auf dem weiten Gelände wird die Orientierung etwas mühsam. Immer wieder muss man nach Steinmännern oder Spuren Ausschau halten. Zur Orientierung können wieder Stromleitungen dienen, zunächst beginnt eine links, dann wird eine von rechts kommende erkennbar.

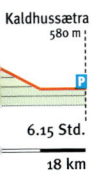

Kaldhussætra
580 m

6.15 Std.

18 km

en diesen beiden verläuft der Wanderweg und hält allmählich auf die rechte Leitung zu. Nach 5.30 Std. ist eine **Hängebrücke** erreicht, die eine schmale Klamm überspannt. Ein regulierter Bach rauscht oder rieselt unten hindurch, je nach Wasserstand im oberhalb gestauten Fetvatnet. Auch wenn am jenseitigen Ufer gleich darauf schöne Felsmulden fast wie große Badewannen wirken, kann man vor diesem wie vor allen regulierten Gewässern nur warnen. Schlagartig kann die Wasserzufuhr sich verändern.

Der Weg verlässt das Bachufer, führt unter der Stromleitung durch und trifft kurz darauf mit einem zweiten Pfad zusammen, der vom Reindalseter kommt. Vereint führen sie halblinks unbeschildert zu Tal. Die Spur ist nun wieder deutlich ausgetretener, ein kleines Rinnsal begleitet sie eine Weile, das Gelände ist wieder stärker bewachsen, bald geht es deutlich bergab. Unterhalb wird eine Fahrspur sichtbar, die aus dem zuvor oben umgangenen Karta kommt. Wo sie in bewaldetes Terrain eintaucht, trifft der Wanderweg dazu, nach rechts geht es nun diese ruppige Traktorspur hinunter, wobei sofort ein Bachlauf auf Steinen gequert wird. Ausgesprochen anstrengend für die Fußgelenke ist dieser letzte Teil des Abstiegs. Steile Wegabschnitte wechseln mit sehr steilen, und den Knien wird kein Pardon gegeben. Der einzige Trost besteht darin, dass unten schon der Ausgangspunkt der Wanderung in Sichtweite liegt, so dass das Ende abzusehen ist. Nach gut 6 Std. tritt man auf ebenerem Gelände aus dem Wald, erreicht dann durch ein kleines Wiesenstück die Straße und nach links gleich darauf den **Parkplatz.**

Bergwelt leicht gemacht

Zum Reindalseter

Entlang hübsch bewaldeter Seeufer, vorbei an Wasserfällen und aussichtsreichen Rastplätzen geht es zu einem weiten Hochtal mit rauschendem Flüsschen, knorrigen Kiefern und urigem Almhof.

DIE WANDERUNG IN KÜRZE

Anspruch: +

Gehzeit: 4 Std.

Länge: 13 km

Charakter: Beste Wanderpfade, zuverlässig markiert, garantieren unbeschwerten Wandergenuss. Am Schluchtrand unterhalb des Reindalsfossen ist etwas Vorsicht geboten.

Wanderkarte: TK 1 : 50 000, Blatt 1319 III, Tafjord

Einkehrmöglichkeit: Reindalseter

Anfahrt: Zunächst wie bei Tour 14 beschrieben; hinter dem Onilsavatn verzweigt sich die Fahrspur, es geht links zunächst weiter am See entlang und dann durch eine Schlucht bis zu einem Parkplatz am Stausee Sakrisvatnet, wo die Wanderung beginnt.

Direkt neben dem Eingang zum Tunnel der Kraftwerksanlage beim **Sakrisvatnet** weist ein Schild Richtung Reindalseter. Daneben ist das erste obligatorische rote T der Wanderrouten des DNT auszumachen.

Der Weg führt einige Meter oberhalb des steil geneigten Seeufers ebenerdig dahin. Mitunter ist er etwas steinig, insgesamt aber in weiten Teilen regelrecht ausgebaut und entsprechend gut zu begehen. Immer wieder kann man durch die Bäume hindurch auf den flaschengrünen See und die gegenüber liegenden Felswände blicken, aber auch der Nahbereich ist sehenswert. In einem lichten Laubwald aus Birken und Ebereschen gedeiht eine üppige Krautschicht mit Farnen, Lupinen und zahlreichen Blumen, unter denen auch Orchideenarten zu finden sind.

Nach 20 Min. haben die Wegebauer eine Stelle mit einem Drahtseil gesichert, was etwas übertrieben scheint, sieht die Stelle doch sehr harmlos aus. Nach und nach wird die anfängliche Stille des Waldes durch ein mächtiges Rauschen abgelöst, das einen Wasserfall ankündigt. Am gegenüber liegenden Seeufer ist zwar ein Fall zu sehen, der als mächtige Wasserrutsche die Steilwände herunterkommt, jedoch ist nicht er der Verursacher. Bevor man diesen erreicht, muss nach 30 Min. auf schmalem Pfad ein Hangrutsch überwunden werden. Dann geht es ein kurzes Stück steil bergan, wobei der Blick zurück über den See mit seiner Staumauer und den ihn umgebenden Bergen lohnt. Voraus tut sich nun eine mächtige Schlucht auf, in die von der Gegenseite dünne Rinnsale verschwinden.

Brücke beim Reindalseter

Dann ist nach 45 Min. der **Reindalsfossen** erreicht, der sich schon so weithin bemerkbar gemacht hatte. Kurz vor einer Brücke, über die der Wanderweg führt, ist die Absturzkante einzusehen, allerdings entzieht sich der untere Teil des Falls der Beobachtung, da die Schlucht zu steil ist. Dafür besteht jedoch oberhalb der Brücke der gesamte Wasserlauf ebenfalls hauptsächlich aus sehenswerten Kaskaden. Vorsicht ist am Schluchtrand besonders nach regnerischem Wetter angebracht.

Der Pfad führt jenseits der Brücke nach halblinks und bald gemächlich in einen Talschluss hinein, wo sich der bevorstehende Aufstieg ankündigt. Der Wald hat sich hier gelichtet, die Laubbäume sind vereinzelten, meist mächtigen, alten Kiefern gewichen. Auffallend ist wieder, mit welcher Liebe zum Detail dieser Weg präpariert wurde: hier ein Stein, der die Überquerung eines Rinnsals vereinfacht, dort einige Felsplatten, die feuchteres Terrain überbrücken. In der lieblichen Talmulde links voraus kommt der kleine **Sildevatnet** in Sicht, während der Hintergrund durch ein mächtiges, teils noch verschneites Bergpanorama geprägt wird.

Nach gut 1 Std. ermuntert am Beginn des einzigen nennenswerten Anstiegs dieser Tour ein Schild mit den Worten »Ein kjem ikkje til fjells når ein går på flat veg!« – Man kommt nicht in die Berge, wenn man auf einem ebenen Weg geht! Doch nicht nur moralische Unterstützung wird geboten, sondern auch ganz

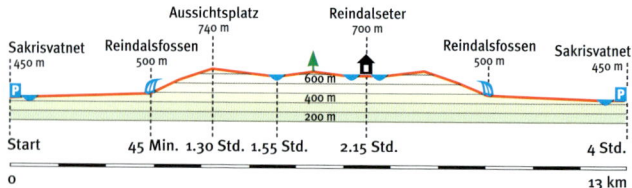

Zum Reindalseter

praktische, denn der Anstieg gleicht vom Komfort eher einer Treppe als einer Gebirgswanderung. Auch bei schlechterem Konditionszustand dürften die gut 100 Höhenmeter bei diesen guten Voraussetzungen nach insgesamt 1.30 Std. bewältigt sein. Eine Bank mit Tisch, aus Felsplatten an aussichtsreicher Stelle aufgebaut, lädt kurz hinter einem mächtigen Steinmann zu einer Rast ein. Der Blick hinunter auf die beiden Seen mit der umliegenden Bergwelt ist ausgesprochen lohnend.

Kurz darauf ist der kleine Bergrücken endgültig überquert, und voraus sind in einem weiten Talkessel schon der Langvatnet und die ersten Almhütten zu sehen. Die umliegenden Berge überragen das Reindalen fast 1000 m und sind vereinzelt von kleineren Karvergletscherungen gefleckt. Es geht hinunter zum See und an ihm entlang bis zu mehreren älteren Hütten. Auf einer Brücke überquert man nach knapp 2 Std. den rauschenden Zufluss des **Langvatnet**; Reindalseter liegt jenseits und ist noch nicht zu sehen. Ein Schild weist nach links am idyllischen Flüsschen aufwärts, und bevor man geradeaus weiter auf die Wanderherberge zuhält, sollte man diesem Stichweg noch einige Minuten zu einer mächtigen alten Kiefer folgen. Der liebliche Birkenwald ist hier oben von etlichen knorrigen Nadelbäumen durchsetzt. Zurück am Abzweig, hat man dann kurz darauf nach 2.15 Std. das bewirtschaftete DNT-Gebäude erreicht. Hier sind für typisch norwegische Preise Getränke und Süßwaren erhältlich.

Der Rückweg erfolgt auf demselben Weg; er nimmt etwas weniger Zeit in Anspruch, da es ja nun mehr oder weniger bergab geht. Nach 4 Std. ist man zurück am **Parkplatz** nahe dem Sakrisvatnet.

Bergwanderung zum Slogen

Majestätische Kletterregion

Bergwanderung zum Slogen

Diese Wanderung steigert sich kontinuierlich – und das in doppelter Hinsicht. Sie beginnt gemütlich und eröffnet schöne Blicke auf die umliegenden Berge. Dann steigt man bergan, und bei klarer Sicht werden die Aussichten immer spektakulärer.

DIE WANDERUNG IN KÜRZE

+++ Anspruch

7 Std. Gehzeit

1160 m An-/Abstieg

Charakter: Der Weg bis zur unbewirtschafteten DNT-Hütte Patchellhytta ist einfach und markiert, der Aufstieg ist jedoch besonders im obersten Abschnitt nur etwas für geübte Alpinwanderer mit entsprechender Kondition und Erfahrung.

Wanderkarte: Turkart Sunnmørsalpane 1 : 80 000

Einkehrmöglichkeiten: Keine, jedoch unbewirtschaftete Wanderhütte

Anfahrt: Von der Reichsstraße 60 von Hellesylt nach Stranda zweigt kurz vor Stranda eine Straße nach links ab, die mit »Engeset« beschildert ist. Ab dieser Hofstelle führt ein Bomveg 4 km weiter taleinwärts durch einen Tannenwald; er endet auf einem Parkplatz bei Liasætra, wo die Wanderung beginnt.

Vom **Parkplatz bei Liasætra** aus geht es weiter taleinwärts und nach wenigen Minuten zwischen einigen alter Almgebäuden hindurch. Dort, wo Schilder weiter zur Patchellhytta und zum Nysetvatnet weisen, gedeiht auf einem Dach nicht nur das übliche Gras, sondern es finden sich sogar kleine Sträucher und Birken. Man folgt dem markierten Wanderweg (und keinesfalls der breiteren Fahrspur) und könnte nach wenigen Minuten gleich die erste Rast einlegen, weil die Umgebung mit dem rau-

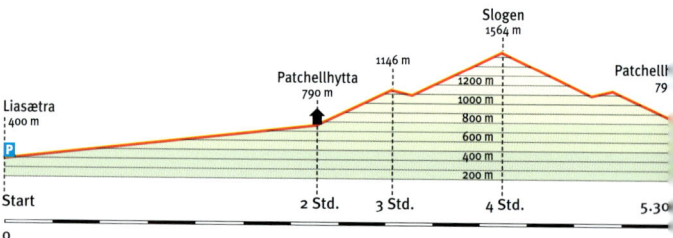

Bergwanderung zum Slo_

schenden, klaren Bach, lockerem Birkenbewuchs und dichter Krautschicht so idyllisch ist, taleinwärts überragt von den mächtigen Zinnen der teilweise vergletscherten Berge. Bald wird auf einer ersten Brücke ein Nebenbach gequert. Gleich darauf liegt das Hauptgewässer des Tals wieder zur Linken und bildet jetzt im Wechsel kleine Teiche, Gumpen und Kaskaden. Dann geht es erneut auf einem Steg hinüber auf die andere Bachseite. Mehrere Schilder an der Brücke geben Aufschluss über die verschiedenen Wanderwege, die sich hier gabeln: Man geht weiter Richtung Patchellhytta. Auf gutem Pfad geht es zügig voran, feuchtere Passagen sind mit großen Trittsteinen ausgelegt, so dass man gut hinüberkommt. Voraus wird das alpine Panorama immer gewaltiger, die Bergwelt immer schroffer, oben leuchten Firnfelder, die blankgewaschenen Hänge glänzen bei Sonnenschein, strukturiert durch Rinnsale, die von oben herabrieseln. Nach knapp 45 Min. wird direkt an dem kleinen **Nysetvatnet** wieder ein Bach gequert. Am See entlang geht es weiter taleinwärts, wobei der Blick von dem breiten Brekketindbreen dominiert wird, der halbkreisförmig von Gipfeln umgeben ist.

Nach 1 Std. wird die vierte und letzte Brücke dieser Tour passiert, und der Charakter des Tals ändert

Gipfelfelsen am Slogen

sich. Der höhere Bewuchs nimmt ab, die unmittelbare Umgebung wird offener. Halbrechts voraus ist im Talende auch schon der Slogen zu sehen, der in mehreren Stufen aufwärts steigt, während links die Smørskredtindane zu bewundern sind. Die ersten Schnee- und Geröllfelder sind auf Talniveau zu sehen, und nach 1.30 Std. führt auch die Wanderung darüber hinweg. Da die Strecke recht intensiv genutzt wird, ist der Weg durch die Schneefelder gut zu erkennen. Nach knapp 2 Std. ist die **Patchellhytta** erreicht. Tatsächlich sind es zwei Hütten, jedoch fällt die ältere mit ihren Steinmauern zwischen den herumliegenden Felsbrocken erst bei genauerem Hinsehen auf. Ihren Namen erhielt sie nach ihrem Erbauer, dem britischen Bergsteiger Cecil W. Patchell, der zu Beginn des 20. Jh. die Sunnmørsalpen erkundete. Die kleine Steinunterkunft wurde 1964 vom DNT restauriert und durch die neue Herberge gegenüber ergänzt.

Ohne größere Anstrengung hat man bis hierher 400 Höhenmeter be-

Wanderung zum Slogen

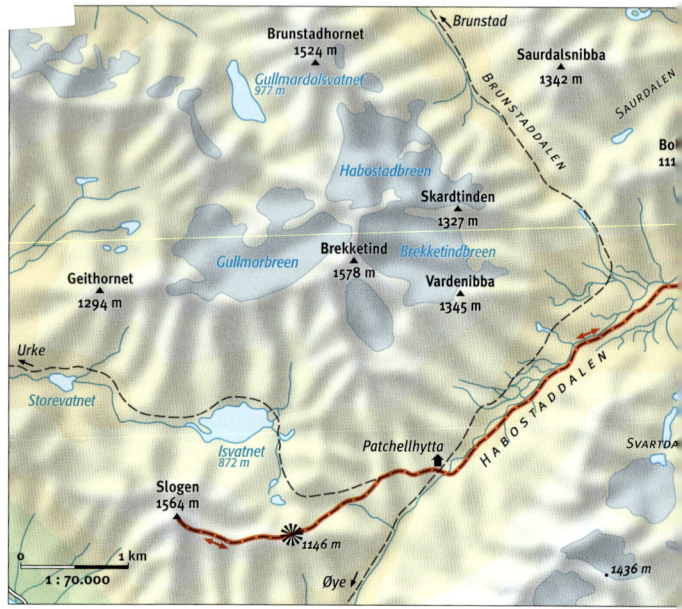

wältigt und befindet sich im Habostaddalen schon inmitten eines alpinen Geländes. Dem lässt sich bei gutem Wetter mit der Besteigung des Slogen noch die Krone aufsetzen, allerdings im obersten Teil dieses Aufstiegs nur noch unter Zuhilfenahme der Hände. Als leichter Kletterberg ist das felsige »Schloss« bei Norwegens Wanderern überaus beliebt, und von der norwegischen Königin Sonja wird erzählt, sie sei schon über zwanzigmal auf ihrem Lieblingsberg gewesen. Man sollte sich bei genügend Wandererfahrung und Kondition und bei stabiler Wetterlage das königliche Vergnügen gönnen.

Hinter der neuen Patchellhytta führt ein markierter Weg ziemlich genau nach Westen, nördlich am Slogen vorbei zum Isvatnet und weiter nach Urke am Norangsfjord. Diesen Markierungen kann man ein kurzes Stück folgen, hält aber bald ohne Weg und Steg direkt auf den langen Rücken zu, der sich an den 1564 m hohen Slogen anlehnt, und zwar genau auf den höchsten Punkt (1146 m) des Rückens. Dorthin quert man oft noch im Hochsommer steiler geneigte Schneefelder; der Grat selbst ist dann schneefrei, und eine Spur mit einigen Steinmännern lässt sich deutlich ausmachen. Nach etwa 3 Std. ist die **Höhe 1146 m** erreicht.

Es geht zunächst wieder einige Minuten abwärts, bevor der Hauptanstieg beginnt. Immer auf dem felsigen, teils stufenartigen Grat bleibend, folgt man der meist gut erkennbaren Spur hinauf. Rechts liegen steile Schneeflanken, im weiten Tal darunter ein kleiner, leuchtend blauer Tümpel, der oft erst spät im Jahr auftaut. Zur Linken stürzt der Fels mehr oder weniger senkrecht

Bergwanderung zum Slogen

ab, hinunter zum Norangsfjord. Der eigentliche Gipfel ragt voraus wie ein Turm empor. Nach 3.45 Std. sind seine Steilfelsen erreicht und müssen unter Zuhilfenahme der Hände durchstiegen werden. Von dem kleinen Felsplateau oberhalb hat man dann eine erhabene Aussicht über die Gipfel der schroffen Sunnmørsalpen, die sich in alle Richtungen erstrecken, unterbrochen von steil einschneidenden Fjorden. Oft ziehen vereinzelte Wolken vom nahen Atlantik herüber und treiben ihr Spiel mit der zerklüfteten Bergwelt.

Hinunter von dem Felsenschloss kommt man nur auf derselben Route. Besonders das erste kurze Steilstück erfordert die ganze Aufmerksamkeit. Einmal auf dem Grat angekommen, gibt es mit dem Rückweg keine großen Schwierigkeiten. Allerdings sollte man der Spur auf dem Felsenband unbedingt folgen. Vor einer vermeintlich schnelleren Alternative weiter links über die steil geneigten Schneehänge kann man nicht genug warnen! Zwar gibt es immer wieder Wanderer, die auf diese Art vielleicht 10 Minuten Zeit gewinnen wollen, es ist dort jedoch schon zu schweren Unfällen gekommen. Man kann eben nicht garantieren, dass nicht irgendwo eine Eisplacke im Schnee verborgen ist, und wer hier ins Rutschen kommt, stürzt ins Bodenlose. Auf dem Grat hinunter Richtung Hütte kommt man zügig voran, so dass die **Patchellhytta** nach etwa 5.30 Std. wieder erreicht ist. Der Rückweg von dort zum Parkplatz ist ebenfalls etwas schneller zu schaffen, da es jetzt 400 m bergab geht. Unterwegs kann der Blick frei über das Tal schweifen. Nach etwa 7 Std. ist man wieder am Ausgangspunkt bei **Liasætra**.

Hotel Union

Eine kurze Autotour führt von Hellesylt durch das Norangsdalen Richtung Urke. Zu beiden Seiten des schmalen Tals ragen mächtige Bergwände auf, und in Øye, kurz vor dem Fjordufer und am Fuß des Slogen, lädt das Hotel Union zu einer Kaffeepause ein. Es ist eine dieser schönen Unterkünfte, die Ende des 19. Jh. vorwiegend aus Holz für zahlungskräftige Touristen erbaut wurden. Cecil W. Patchell nahm hier in den 14 Sommern, in denen er die Sunnmørsalpen erkundete, Quartier. Doch nicht nur naturbegeisterte britische Adlige gaben sich hier die Klinke in die Hand, sondern im Hotel Union verbrachte auch Kaiser Wilhelm II. regelmäßig seinen Urlaub. Die Herrschaften hatten eben Geschmack und konnten ihn sich leisten.

Tour 17

1800 Höhenmeter bis zum Ziel

Von Loen zum Skålatårnet

Ein klassisches Ziel des norwegischen Wandertourismus ist der trutzige Turm Skålatårnet auf dem Gipfel des Skåla, der sich fast am Fjordufer erhebt und an die Gletscherregionen des Jostedalsbreen grenzt.

DIE WANDERUNG IN KÜRZE

Anspruch: ++

Gehzeit: 8 Std.

An-/Abstieg: 1800 m

Charakter: Markierte Route, zum größeren Teil deutliche Pfade, teils mühsame Passagen über Blockfelder und anstehenden Fels. Unerschöpfliche Ausdauer ist alles, was man braucht, um an einem Tag hinauf- und wieder hinunterzukommen; viel schöner ist aber eine Übernachtung in der originellen Gipfelhütte.

Wanderkarten: TK 1 : 50 000, Blatt 1318 I, Stryn; Turkart 1 : 100 000 Jostedalsbreen

Einkehrmöglichkeit: Selbstbedienungshütte Skålatårnet auf dem Gipfel. Solche Hütten werden von den Wandervereinen mit Brennmaterial und Lebensmitteln ausgestattet, für die man vor Ort nach Verbrauch Geld in einen Umschlag steckt und in den Sammelkasten wirft. Mitglieder im DNT haben Vorrang bei der Benutzung.

Anfahrt: Loen liegt im innersten Zipfel des Nordfjords und im Nordwesten des Jostedalsbreen an der Straße Nr. 60 und ist von Osten aus (via Lom) über die Straße Nr. 15 gut zu erreichen. Im Ort Loen zweigt die Straße zum Lovatnet ab, wenige Kilometer nach dem Ortsende ist ein Parkplatz am Fluss für Wanderer ausgeschildert (gebührenpflichtig).

Gegenüber vom **Parkplatz** am Fluss Loelva zweigt ein Wirtschaftsweg nach links von der Straße ab, ein Schild weist zum Skåla und Tjugen Seter; diese Richtung schlägt man ein. Ein Gatter wird bald durchquert und wieder geschlossen, gleich darauf weist ein Schild geradeaus auf einen Fußpfad in den Wald. Nun beginnt der Aufstieg. Merklich, aber in angenehmem Neigungswinkel steigt der ausgetretene Pfad in zahlreichen Kehren an, überquert einen Forstweg und führt gleich darauf dicht in die Nähe der Fossdøla, erkennbar am lauter werdenden Rauschen. Nach 30 Min. liegt rechts eine grasige **Kuppe** am Ufer, der Bach stürzt hier malerisch in einer schroffen Kerbe ab – ein hübscher Platz für eine erste Pause.

Weiter geht es wie bisher durch Wald bergan, bald durch ein Gatter und vorbei an dem jenseits der Foss-

Von Loen zum Skålatårnet

døla gelegenen Almgelände von Tjugen. Heute steht hier eine Ferienhütte. Der Baumbestand wird lichter, die Aussicht zurück ins Tal weiter, auch der Fjord blitzt nun schon im Hintergrund auf. Von rechts kommt der Skålelva, der später den Weg begleiten wird, und vereinigt sich mit der Fossdøla, die ein Stück weiter flussaufwärts schöne Kaskaden bildet und eine glatte Gumpe ausgewaschen hat. Der Weg wendet sich etwas vom Ufer weg, steigt steiler an und trifft wenig später im nun baumlosen Wiesengelände auf eine **Brücke,** auf der die Fossdøla überquert wird (1.15 Std.). Jenseits führt der Pfad durch Heide-, Fels- und Graslandschaft weiter, noch immer taleinwärts in Sichtweite des Flüsschens, schwingt dann deutlich nach rechts und verläuft als fast schnurgerade Diagonale weithin erkennbar den Hang in Richtung Vesleskåla hoch. Dieser Westgipfel ist ein schönes und problemloses Wanderziel, wenn man nur etwa 1200 Höhenmeter bewältigen will.

Unterhalb liegt der Ort Loen schon beeindruckend tief, und der Fjord ist von hier auf weite Strecke einzusehen. Wenn der Pfad sich dem Skålelva allmählich nähert, wird die Steigung beschwerlicher. Ein mächtiger Steinmann steht dort am Wegesrand, wo regelrechte Stufen angelegt wurden. Der Westgipfel liegt nun schon neben der Route, dahinter ragt der Rongjuvsnibba auf, davor erkennt man die Talmulde zwischen dem Skåla und seinem westlichen kleinen Bruder, zu der es jetzt hinaufgeht. Nach etwa 2.15 Std. kommt dort der **Skålavatnet** in Sicht; immerhin sind nun schon 1100 Höhenmeter bewältigt. Für die restlichen 700 sollte man allerdings noch einmal soviel Zeit veranschlagen wie für das bisherige Stück, denn man wird nicht frischer, das Gelände aber beschwerlicher.

Durch Blockfelder, von Altschneeflecken durchsetzt, geht es am See vorbei durch die Talmulde und auf den darüberliegenden Einschnitt zwischen Skåla und Rongjuvsnibba zu. Steinmänner weisen den Weg, doch die Spuren sind in dem groben Geröllfeld nicht zuverlässig zu finden. So sucht man sich seine Route entlang den Markierungen selbst und trifft mit etwas Glück auch wie-

Von Loen zum Skålatårnet

Blick vom Skåla

der angelegte Wegabschnitte. Bald zeigt ein Blick zurück, dass der Vesleskåla schon unterhalb liegt. Man sieht über ihn hinweg auf das Fjordpanorama. Voraus fällt ein mächtiger Steinmann, auf einem ebensolchen Felsbrocken errichtet und zusätzlich mit einem Pflock markiert, ins Auge. Dahinter wird der letzte Anstieg zur Senke auf 1400 m Höhe wieder durch ein paar angelegte Wegabschnitte erleichtert, und nach etwa 3.15 Std. ist diese Höhe erreicht. Voraus umsäumen Gipfelkuppen die Karschüssel, und dazwischen schieben sich Firnfelder und Hanggletscher zu Tal. Die Route knickt nach links ab, ein Pfeil weist den felsigen Grat steil hinauf. Mühsam und ohne eindeutigen Wegverlauf steigt man auf dem anstehenden Gestein hinauf, orientiert sich grob an den bald voraus aufragenden klotzigen Steinmännern, deren erster aber noch unendlich weit oberhalb zu stehen und nicht näher zu kommen scheint. Hat man ihn endlich erreicht, ist der nächste nicht weit; dahinter stößt die Route in sanfter geneigtem Terrain auf Firnfelder des Flatebreen

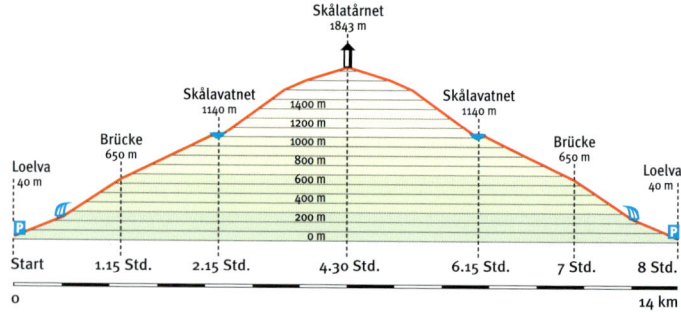

und quert sie. Von einer Hütte ist auf dem sich voraus erhebenden Gipfelplateau weit und breit noch nichts zu sehen, statt dessen trifft man jenseits des Schneestückes auf einen **Felsblock** mit der immerhin beruhigenden Aufschrift: »15–20 min. til toppen« (4.15 Std.). Noch vorhandene Zweifel zerstreuen sich sofort, wenn man bei diesem Block auf einen gut angelegten Weg trifft, der sich wie durch Zauberei plötzlich vor einem auftut. Bequem, ebenmäßig, mit flachen Stufen ausgebaut, führt er zum spät in Sicht kommenden **Skålatårnet** hinauf.

Der trutzige Turm erhebt sich unweit der steil abbrechenden, meist von Schneewächten überdeckten Nordkante des flachen Gipfels, von der man unbedingt Abstand halten sollte. Ohnehin sind die Aussichten nach Süden spektakulärer, denn dort überblickt man die vergletscherten Berge jenseits des fjordartigen Lovatnet, die in den riesigen Eisschild des Jostedalsbreen übergehen. Auch der grünliche See ist tief unterhalb durch ein vergletschertes Kartal zu erkennen, und weit hinten im Talschluss liegt deutlich sichtbar die zerklüftete Gletscherzunge Kjenndalsbreen.

Wer nicht am selben Tag den Rückweg antreten will, hat nun Zeit, dieses atemberaubende Panorama bei den verschiedensten Lichtverhältnissen zu bewundern; besonders spätabends, wenn die Sonne im Fjord versinkt oder hohe Wolkenstreifen von unten beleuchtet, hat die Szenerie etwas Unwirkliches.

Für den Rückweg benutzt man dieselbe Route, wobei ab dem Flatebreen eventuell vorhandene Schneefelder links der Route zum Abstieg benutzt werden können, was dann einige Zeit erspart. Früher oder später muss man jedoch wieder auf den Felsgrat zurückkehren.

Das Ziel der Wanderung: der Skålatårnet

Skålatårnet

Der Turm auf dem Gipfel des Skåla wird auch Kloumannstårnet genannt und verdankt diesen Namen wie seine Existenz dem exzentrischen Bezirksarzt der Region um Loen, der 1891 den Bau veranlasste. Angeblich wollte er lungenkranke Patienten hier oben in der klaren Luft am Rand des Jostedalsbreen kurieren. Kloumann erlebte zwar noch die Fertigstellung des zweigeschossigen, runden Turmes mit den 1,5 m dicken Wänden, doch erst sein Nachfolger, zugleich führendes Mitglied im norwegischen Wanderverein, organisierte bis 1914 die Wegarbeiten – gedacht war an eine mit Pferden benutzbare Aufstiegsroute. Pferde und Patienten waren zwar nachweislich nie hier oben, aber der streckenweise noch heute intakte Steig erfreut auch gesunde Zweibeiner.

Jostedalsbreen, naturbelassen

Zur Gletscherzunge Austerdalsbreen

Zwischen schroffen Berghängen schiebt sich die Gletscherzunge vom riesigen Eisschild Jostedalsbreen in das abgeschiedene Trogtal hinunter. Vorbei an Endmoränenlagen nähert man sich dem Austerdalsbreen, dessen Ausmaße erst allmählich in Sicht kommen.

DIE WANDERUNG IN KÜRZE

Anspruch: +

Gehzeit: 4 Std.

Länge: 11 km

Charakter: Einfache Talwanderung auf teils markierten Pfaden, teils durch etwas feuchtes Grünland, am Gletscherrand über Schotter

Wanderkarte: Turkart 1 : 100 000 Jostedalsbreen

Einkehrmöglichkeiten: Unterwegs keine, am Startpunkt in der Hütte Tungestølen (Juli–Mitte August)

Anfahrt: Die Straße Nr. 55 führt von Lom durch Jotunheimen und hinunter zum Lustrafjorden. Zwischen Gaupne und Sogndalsfjøra befindet sich in Hafslo der Abzweig zum Veitastrøndvatnet, an dem entlang es bis zum Ende des Tals zur Hütte Tungestølen geht (mautpflichtig). Schon die Anfahrt auf der schmalen Straße ist ein Abenteuer!

Direkt bei der hübschen, bewirtschafteten Hütte **Tungestølen** weist ein Schild den Weg zum Austerdalsbreen. Hier muss man gleich aufpassen, denn der phantastische Gletscher, der, schon von der Unterkunft sichtbar, weit hinten im breiten Tal steil die Berge herunterkommt, ist der Langedalsbreen. Das kleingliedrigere Austerdalen jedoch befindet sich Richtung Norden, gewissermaßen in der Fortsetzung der Anfahrt. Die Route ist mit roten Punkten markiert und nicht zu verfehlen.

Kaum merklich steigt der Weg nahe am rechten Hang leicht an; er ist üppig mit Farn umwachsen. Weiter unterhalb fließt der Gletscherbach in zahlreichen Wasserfällen durch eine enge Klamm, umgeben von Birkengestrüpp, das am Gegenhang ein kleines Wäldchen bildet, darüber abgelöst von blankem, kahlgewaschenen Fels. Nach knapp 15 Min. kommt im spitzen Winkel ein Pfad von wei-

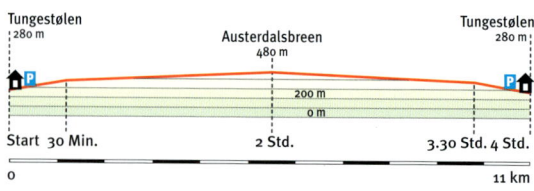

Zur Gletscherzunge Austerdalsbreen

ter unterhalb hinzu; auf ihm wird das letzte Stück des Rückwegs erfolgen. Wenig später weist ein Schild auf den Beginn des Jostedalsbreen-Nationalparks hin. Das Austerdalen wird breiter und ist nun auf beiden Seiten von mächtigen, vegetationslosen Felswänden flankiert, die den sattgrünen Talboden dunkelgrau überragen. Man meint, das Talende voraus bereits sehen zu können, denn die Steilhänge rücken dort eng zusammen. Bei näherer Betrachtung wird später aber klar, dass das Austerdalen links um die Kurve weiterführt. Ein flacher Querrücken versperrt die Sicht auf das Ziel der Wanderung zusätzlich.

Der Pfad führt bald hinunter in den weiten Talgrund, wo mittels einiger Steine ein kleiner Bach gequert werden muss. Dann geht es ebenerdig und bequem durch das von niedrigen Beerensträuchern, Zwergbirke und Weide bewachsene Tal. Flache, quer verlaufende Hügel, in denen unsortierte Gesteinstrümmer verschiedenster Größenordnung in feineres Material eingebettet sind, weisen auf verschiedene Endlagen des Gletschers hin. Für kurze Zeit begleitet der trübe Austerdalselvi den Weg. Etliche Seitenbäche, die aus den Wänden zur Linken herunterrieseln und je nach Wetterlage mehr oder weniger breit dem Gletscherfluss zustreben, werden auf Planken überquert.

Nach knapp 1 Std. ist eine besonders mächtige Endmoränenanlage erreicht, die wie ein Querriegel den Weg zu versperren scheint. Man steigt einige Meter auf und an der anderen Seite gleich wieder hinunter. Nach und nach wird das Tal insgesamt etwas hügeliger, und bald wandert man durch zimmer- und hausgroße Felsbrocken, die aus den

übersteilen Hängen herausgebrochen sind.

Der Pfad führt nun wieder mehr zur linken Talseite, und nach 1.30 Std. steht ein kurzer Anstieg auf einen felsigen **Querrücken** bevor, der noch den Blick voraus behindert. Parallel zum Weg läuft eine tief ins anstehende Gestein eingeschnittene Rinne steil den Berg hinauf. Sie ist vermutlich durch Schmelzwasser entstanden, das unter dem Eis durch erhöhten Druck zu beachtlichen Erosionsleistungen fähig ist.

Nach 1.45 Std. ist dann schließlich der **Austerdalsbreen** bei einer Gedenktafel erreicht: Mit Überqueren des Rückens öffnet sich bei jedem Schritt das Tal voraus etwas mehr und gibt nach und nach die Gletscherzunge frei, von deren bläulich-

Zur Gletscherzunge Austerdalsbreen

weißer, zerklüfteter Eismasse es fast vollständig ausgefüllt wird. Die nackten Felshänge ragen mehrere hundert Meter senkrecht auf und scheinen sich nahezu darüberzubeugen. An den Eisrändern türmen sich schwarz und schotterig die jüngsten Moränenhügel auf, zwischen denen der Austerdalselvi rauschend entspringt.

Auf jeden Fall sollte man dem gewundenen Trampelpfad noch etwas weiter zwischen mächtigen Felsbrocken hindurch folgen. Erst hinter der nächsten Biegung kann man sich an den beiden steilen Eisabflüssen Tors- und Odinsbreen erfreuen, die hoch oben im Jostedalsbreen ihren Ausgang nehmen und sich erst unten zum Talgletscher vereinigen. So versteckt, wie diese Gletscherzungen liegen, wurden sie erst vor gut hundert Jahren entdeckt. Während der Jostedalsbreen schon in den 20er Jahren des 19. Jh. von internationalen Forschergruppen erkundet und kartographiert wurde, blieben die Eisabflüsse hier im Austerdalen bis 1890 unbekannt. 1894 erforschten zeitgleich der Norweger Kristian Bing und der Brite William Cecil Slingsby dieses Gebiet. Bing kam von Westen über den Jostedalsbreen und stieg neben den steilen Eisfällen hier ins Tal ab. Slingsby kam auf der Route, auf der unsere Wanderung verlauft ist, hierher und stieg teils über die Gletscherzunge, teils über die steilen Berghänge nach links hinauf. Dort fand er zu seiner Überraschung den kurz zuvor von Bing errichteten Steinmann Kvitesteinsvarden. Erst Tage später trafen sich die beiden Gletscherpioniere, und das Rätsel löste sich.

Heutzutage verlieren sich die Pfadspuren in Gletschernähe, und nach etwa 2 Std. ist ohne Spezialausrüstung kein Weiterkommen.

Zurück geht es zunächst auf dem bereits bekannten Weg, über die verschiedenen Moränenhügel hinweg und im Talboden entlang. Vorbei an der Nationalparkgrenze steigt der Pfad wieder etwas den Hang hinauf. An der bei der Beschreibung des Hinwegs erwähnten Gabelung gelangt man halblinks auf teils etwas rutschigem Pfad hinunter zu der sehenswerten Schlucht des Gletscherflusses. An ihr entlang hält man direkt auf die Straßenbrücke zu, geht dort auf dem Fahrweg nach rechts steil aufwärts und hat die Wanderhütte **Tungestølen** nach 4 Std. wieder erreicht.

Am Austerdalsbreen

Kurzwanderung in alpiner Welt

In das nördliche Hurrungane-Gebirge

Diese kurze Wanderung führt zu einem Karsee, steilen Felswänden, Firnfeldern und Hängegletschern. Schneller und abwechslungsreicher kommt man zu Fuß kaum ins Hochgebirge.

DIE WANDERUNG IN KÜRZE

Anspruch: ++

Gehzeit: 3.30 Std.

Länge: 8 km

Charakter: Auf gut markiertem Weg geht es in eine alpine Bergwelt, evtl. ist ein steiles Schneefeld zu überwinden.

Ausrüstung: Stock, Grödeln

Wanderkarte: Turkart Jotunheimen 1 : 100 000

Einkehrmöglichkeit: Berghotel Turtagrø am Ausgangs- und Endpunkt der Wanderung

Anfahrt: Dort, wo die Straße Nr. 55 von Lom kommend in wilden Serpentinen hinunter zum Lustrafjord führt, befindet sich kurz vor dem mautpflichtigen Fahrweg nach Øvre Årdal das sehenswerte Berghotel Turtagrø.

Vom **Hotel Turtagrø** aus folgt man der Zufahrt hinunter zur R 55 und überquert diese. Auf der anderen Straßenseite mit Parkplatz befinden sich zwei Holzgebäude, zwischen denen ein deutlicher Weg hangaufwärts zu weiteren Hütten führt. Auch ein Schilderbaum steht hier und kennzeichnet den Pfad u. a. nach Skagastølsbu. Gleich kommt ein erster Abzweig zur Fannaråkhytta, den man links liegen lässt, und nach 5 Min. ist auf einer kleinen Brücke der Helgedalselva zu überqueren, der aus dem gleichnamigen Tal kommt. Der Weg führt ein kurzes Stück an diesem Flusslauf entlang, stößt dann auf einen kleineren, von rechts kommenden Nebenbach und folgt diesem aufwärts in Richtung des Skagastølsdalen, durch das es im weiteren aufwärts geht. Die nähere Umgebung ist dicht mit Buschwerk bewachsen, durch das der Pfad aber gut hindurchleitet. Nach 15 Min. wird der kleine Bach gequert. Die Wanderspur hat fast den Charakter eines angelegten Parkwegs, so deutlich und akkurat führt sie durch diese strauchbestandene Landschaft. Nach weiteren 5 Min. gabelt sich die Spur, man bleibt aber auf dem deutlicheren, geradeaus führenden Hauptweg. Noch einmal ist ein kleiner Bach zu queren, dann steht der erste Anstieg bevor, der jedoch mühelos in schönen Serpentinen zu bewältigen ist. Nach gut 30 Min. zeigt ein breiter **Wasserfall** das Ende des steileren Stückes an, und man fragt sich, wo plötzlich das viele Wasser herkommt, da der Bach zuvor eher kärglich dahinfloss. Direkt am Fall löst sich dieses Rätsel: In einem Betonbecken wird dort das gesamte Wasser aufgefangen, um

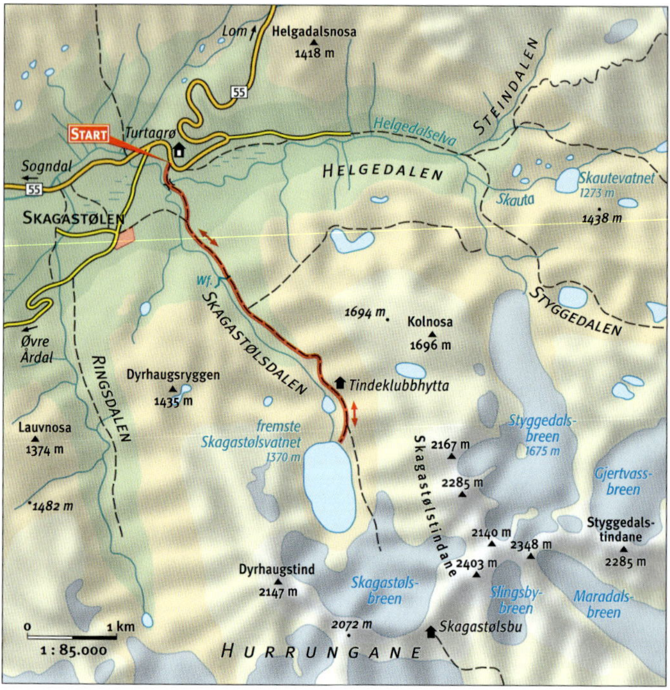

In das nördliche Hurrungane-Gebirge

dann in einem Stollen zu verschwinden. Diese Maßnahme zur Stromgewinnung stört aber nicht weiter, da das Bauwerk, verglichen mit anderen dieser Art, eher filigran wirkt.

Man kann sich nun also an dem Bach erfreuen, der neben dem Weg in wilden Kaskaden und Stromschnellen herunterrauscht, ein Zeichen dafür, dass auch die Tour weiter aufwärts führt. Zwar wird der Untergrund bald wesentlich steiniger, allerdings bei wandererfreundlichem Neigungswinkel. Das Tal ist zunächst recht breit, wird aber nach und nach zu den Seiten hin immer steiler, und auch voraus scheint eine mächtige Talstufe den weiteren Weg zu versperren. Nach knapp 1 Std. wendet sich die Spur mehr nach links und verlässt den Bach, der voraus steil herunterkommt. Das kann

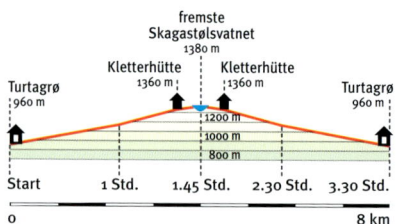

In das nördliche Hurrungane-Gebirge

Der Karsee Skagastølsvatnet

zu verschiedenen Zeiten völlig unterschiedlich aussehen: Entweder arbeitet sich der Wasserlauf gerade mühsam durch dicke Schneeschichten, oder er stürzt frei die steinigen Hänge herab. Wahrscheinlich ist die Wanderspur also links vom Hauptbach in einem steilen Altschneefeld zu erkennen, was dann von unten etwas abenteuerlich aussieht. Um dort hinzugelangen, muss man in jedem Fall ein steiles Geröllfeld zur Linken bezwingen, durch das allerdings ein guter Pfad in Serpentinen führt. Nach gut 1.15 Std. erreicht die Spur das steile Schneefeld, wo eine ausgetretene Spur schulterbreit ohne größeren Anstieg hinüberführt. Im Spätsommer ist dies lediglich ein gemütlicher Trampelpfad am ausgesetzten Steilhang. Bei kräftigeren Altschneedecken ist ein Skistock hilfreich, Grödeln sind ideal.

Bald ist diese Passage überwunden und nach gut 1.30 Std. die **Hütte des Klettervereins** erreicht. Dunkle Felswände wechseln sich mit weißen Schneefeldern ab. Oben durch die Bergspitzen glitzert Gletschereis, aus einem flachen, kleinen See strömt in breiter Front klares Wasser. Man glaubt in dieser alpinen Umgebung kaum, dass man gerade erst losgewandert ist.

Aber es gibt noch eine Steigerung. Dazu muss noch einmal ein flacher Hang überwunden werden. Dann steht man vor dem **fremste Skagastølsvatnet,** der den gesamten Talschluss ausfüllt (1.45 Std.). Von den steilen Felswänden hängen die Gletscher herunter, dunkle Felsbrocken, von Flechten zart strukturiert, gestalten den Seerand. Alles spiegelt sich zudem noch auf der kristallklaren Seeoberfläche, vielleicht durch ein paar Eisbrocken aufgelockert. Der Wanderweg des DNT führt am See vorbei auf den Gletscher hinauf und über ihn hinweg zur Hütte Skagastølsbu auf über 2000 m Höhe. Gletschertouren sollte man aber nicht auf eigene Faust unternehmen.

Es geht also ab dem See auf dem gleichen Weg zurück. Schon bald sieht man tief unten das **Hotel Turtagrø** liegen, das nach 3.30 Std. wieder erreicht ist.

Auf Norwegens höchsten Berg

Von Spiterstulen auf den Galdhøpiggen

Nicht nur bei Norwegern ist der 2469 m hohe Gipfel ein beliebtes Ziel. Von oben überblickt man die grandiose Bergwelt im Nationalpark Jotunheimen. Auf dem Rückweg ist ein Abstecher zur wild zerklüfteten Gletscherzunge Svellnosbreen möglich.

DIE WANDERUNG IN KÜRZE

++ Anspruch

6 Std. Gehzeit

1370 m An-/Abstieg

Charakter: Anspruchsvolle Bergwanderung, die vor allem ausreichende Kondition erfordert. Markierte, deutliche Route, teils ausgetretener Pfad, teils ebensolche Spur durch weite, mäßig geneigte Firnfelder. Gemessen an den hochalpinen Geländeverhältnissen führt dieser Wanderweg erstaunlich einfach zum Gipfel.

Wanderkarte: Turkart Jotunheimen 1 : 100 000

Einkehrmöglichkeiten: Kleine Gipfelhütte auf dem Galdhøpiggen, geöffnet ab 12 Uhr in Verbindung mit den geführten Gletschertouren von Juvasshytta ca. Mitte Juni–Mitte August, je nach Wetterlage. Auskunft: Tel. 61 21 15 50.

Anfahrt: Von Lom kommend, folgt man der Straße Nr. 55 Richtung Sognedal bis zum Abzweig nach Spiterstulen und diesem mautpflichtigen Fahrweg bis dorthin (für Wohnanhänger gesperrt). Spiterstulen ist ein Berghotel mit angeschlossenem Campinggelände.

Auf der Fußgängerbrücke beim **Berghotel Spiterstulen** überquert man den Bach Visa; ein Wegweiser schildert jenseits bereits Galdhøpiggen und Juvasshytta nach rechts aus. Über die Campingwiese und

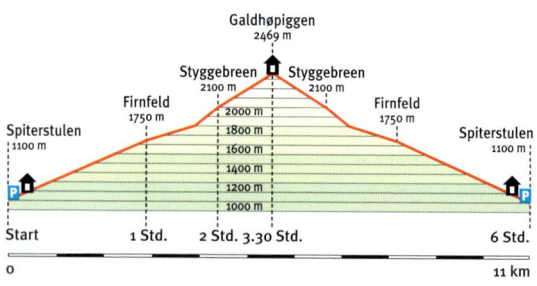

Von Spiterstulen auf den Galdhøpiggen

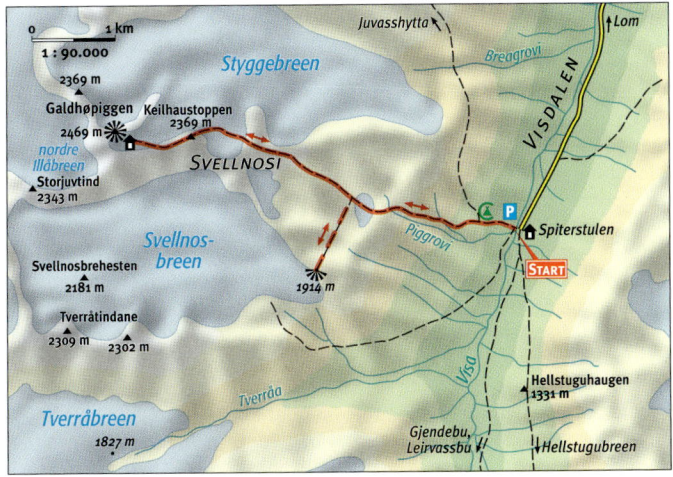

zwei kleine Bäche hinweg führen mehrere Spuren auf den üppig bewachsenen Hangfuß zu; der Hauptweg beginnt in etwa oberhalb des Waschhäuschens, aber auch die vorher ansteigenden Pfade führen bald zur richtigen Route. Nach kurzem Aufstieg zu einem ersten Absatz ist links der Bach Piggrovi zu sehen, der die Wanderung eine Weile begleiten wird. Bei einer **Gabelung** zweigt rechts der Pfad nach Juvasshytta ab, man bleibt auf dem linken. Das Gelände wird nun steiniger, das buschige Birken- und Weidengestrüpp nimmt ab, im niedrigen Heide- und Grasbewuchs sind deutlich die sich immer wieder verzweigenden Spuren der vielbegangenen Strecke zu erkennen. In Serpentinen steigt man zügig hinauf, nähert sich wieder dem Bach und überquert ihn auf einigen Steinen (30 Min.). Voraus liegen nun schon die beiden Kuppen, die einen Absatz in 1800 m Höhe überragen; die linke erhebt sich am Rand der Gletscherzunge Svellnosbreen und kann auf dem Rückweg das Ziel eines Abstechers sein.

Weiter geht es den stark geneigten Hang hinauf, der das nun schon tief unterhalb liegende Visdalen begrenzt. Taleinwärts kommen die spitzen Gipfel um den Kyrkja in Sicht, gegenüber blickt man auf den Hellstuguabreen, der sich als flacher, glatter Lobus weit in ein Seitental hinunterzieht, und weiter links erhebt sich nun schon deutlich sichtbar die ebenmäßig gerundete, vergletscherte Kuppe des Glittertind über dem Tal. Er galt früher als Norwegens höchster Berg, musste aber nach genauer Messung des anstehenden Gesteins diesen Rang an den Galdhøpiggen abtreten.

Ein nächster Bachlauf begleitet den Pfad bald zur Linken; hier sollte man seinen Wasservorrat auffüllen. Durch niedrige Felsabsätze geht es noch ein Stück steil hinauf. Wo der Weg flacheres Terrain erreicht, öffnet sich der Ausblick auf eine weite, schneegefüllte Mulde, das erste **Firnfeld** auf dem Weg zum Gipfel. Es ist so beständig, dass es in der Karte verzeichnet ist. Eine deutliche Spur führt auf dem mäßig geneigten

Von Spiterstulen auf den Galdhøpiggen

Schneehang hinauf (1 Std.), und es dauert eine Weile, bis man wieder steinigen Boden unter den Füßen hat. Nun geht es abwechselnd auf Firn und Fels die weite, kaum merklich ansteigende Bergflanke hoch, die voraus erst in einiger Entfernung wieder steiler wird. Zu den Seiten hin scheint das Gelände im Nirgendwo zu verschwinden, die Abbruchkanten dort sind von hier aus kaum zu erahnen. Erst wenn der nächste Steilhang erklommen ist und man den darüberliegenden Rücken ein Stück verfolgt hat, tut sich nach rechts der Blick in das riesige, felsengesäumte Amphitheater auf, das vom **Styggebreen** ausgefüllt wird. Mit über 2000 m Höhe liegt diese nach etwa 2 Std. erreichte Stelle schon deutlich höher als die Gletscherzunge und das dahinter anschließende Hochplateau mit der Juvasshytta. Ein kurzes Stück bleiben die Markierungen am Rand der Abbruchkante, dann wenden sie sich nach halblinks davon weg und nehmen den **Svellnosi** ins Visier. Von dieser schon über 2200 m hohen weißen Kuppe bietet sich nach 2.30 Std. eine weite Aussicht auf den vorausliegenden Gipfelgrat, in die andere Richtung über den Svellnosbreen mit der daneben aufragenden Kuppe (1914 m).

Zum gut 100 m höheren Keilhaustoppen geht es zunächst ein kurzes Stück kräftig bergab in eine Senke, dann jenseits wieder hinauf. Das ganze Gelände ist nun schneebedeckt, und der Hang des Svellnosi kann am frühen Vormittag noch leicht verharscht sein. Spätestens hier leistet ein Skistock gute Hilfe. Vom **Keilhaustoppen** aus (3 Std.) verstellt nichts mehr den Blick auf den **Galdhøpiggen**, dessen firnbedecktes Gipfelplateau sich aus einer letzten flachen Senke erhebt. Diese wird nun durchquert, vorbei an einem Schild, das vor Wanderungen abseits der markierten Route zu Recht warnt. Man ist hier auf dem Gletscher Piggbreen, allerdings weit genug entfernt von der erst unterhalb einsetzenden Spaltenbildung. Eine kleine Felskuppe begrenzt nach links den Steilabhang und beweist, dass der Gletscher hier oben erst beginnt. Im weiten Linksbogen umgeht die Spur das unsichere Terrain und hält auf die **Gipfelhütte** zu, die nach etwa 3.30 Std. erreicht ist.

Der Rückweg verläuft auf derselben Route via Keilhaustoppen und Svellnosi zum Amphitheater am Styggebreen, den Bergrücken hinab, wo das Gelände flacher wird und man voraus schon das unterste Firnfeld liegen sieht.

Wer den einstündigen, lohnenden **Abstecher zum Svellnosbreen** machen möchte, wendet sich noch oberhalb dieses Firnfeldes ohne Weg und Steg nach rechts und überquert den sanft geneigten Hang durch eine weite, schotterige Mulde in Richtung der deutlich aufragenden Höhe 1914 m. Oft liegt auch hier noch Altschnee, und besonders an den Rändern kann der Untergrund sehr nass sein, denn das Schmelzwasser bleibt in der Senke länger stehen. Ansonsten ist das Terrain nicht schwierig, höchstens etwas mühsamer zu gehen als auf der bisherigen ausgetretenen Spur. Eine halbe Stunde braucht man, um an der Hügelkuppe (1914 m) die Abbruchkante der breiten Bergflanke zu erreichen, und hier tut sich dann ein grandioser Ausblick auf den tief unterhalb liegenden Svellnosbreen auf. Wild zerklüftet, von tiefen bläulichen Spalten kreuz und quer zerhackt, schiebt die hoch aufgetürmte

Von Spiterstulen auf den Galdhøpiggen

Wanderer an der Gipfelhütte auf dem Galdhøpiggen

Gletscherzunge sich im untersten Bereich zu Tal, und nicht selten erkennt man unten eine Seilschaft sich durch das eisige Tohuwabohu hindurchkämpfen. Von Spiterstulen werden solche geführten Touren organisiert, die ebenso abenteuerlich wie ungefährlich sind. Nach oben hin glättet sich der Svellnosbreen zur weißen Fläche und ist bis an den Gipfelgrat des Galdhøpiggen zu überblicken. Deutlich erkennt man darüber die Schutzhütte auf Norwegens höchstem Berg.

Zurück zur Hauptroute orientiert man sich an einer zweiten, flacheren Anhöhe, die den Rand des fast ebenen Absatzes etwas überragt. Mit Ausblick auf das unterhalb liegende Haupttal hält man auf die kleine Kuppe zu und passiert sie rechts, dahinter trifft man auf das zuvor oberhalb verlassene Firnfeld, auf dem auch in einiger Entfernung voraus die Wanderspur zu sehen sein dürfte. Man hält auf sie zu und folgt ihr hinab zum Schneerand, von dort geht es auf dem nun wieder bekannten Weg hinunter nach **Spiterstulen.** Ohne den Abstecher zum Svellnosbreen ist das Berghotel nach 6 Std. wieder erreicht.

Sonnenreiche Hochweiden

Von Lom nach Soleggen

Von Lom schwingt sich der Seterweg den bewaldeten Hang hoch hinauf zu herrlichen Aussichtspunkten und weiter zu den Almwiesen von Soleggen. Vorbei an der alten Bewässerungsanlage für das Ottadalen und einem kleinen Bergsee geht es wieder hinunter.

DIE WANDERUNG IN KÜRZE

Anspruch: ++

Gehzeit: 4 Std.

Länge: 14 km

Charakter: Anstrengender, aber nicht schwieriger Aufstieg auf breiten Pfaden, ab Soleggen weniger ausgetretene, aber deutlich markierte Route zurück

Wanderkarte: Turkart Jotunheimen, 1 : 100 000

Einkehrmöglichkeiten: Keine

Anfahrt: Die Wanderung beginnt am Gebäude der Lom Kommune im Zentrum von Lom, nahe dem Kreisverkehr zwischen Einkaufszentrum und Fossberg Hotel.

Am zentralen Platz vor dem Verwaltungsgebäude in **Lom** gibt eine Tafel Auskunft über den als Lehrpfad angelegten Weg nach Soleggen hinauf. Eine Broschüre, die bei der Touristeninformation verkauft wird, gibt in Deutsch und Englisch Auskunft über die teils nur mäßig interessanten Stationen. Die eigentliche Attraktion der Route ist die Aussicht auf die Landschaft des Ottadalen, und die kann man im folgenden Aufstieg ganz ohne Erklärungen genießen.

Mit Blick auf das Verwaltungsgebäude der »Lom Kommune« geht man links darum herum, am Parkplatz dahinter etwas rechts und einen Fußpfad bergan. An der nächsten Straße wendet man sich wieder ein paar Schritte rechts, um einen nächsten Wanderweg hinauf einzu-

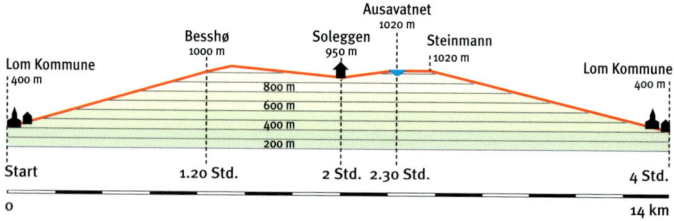

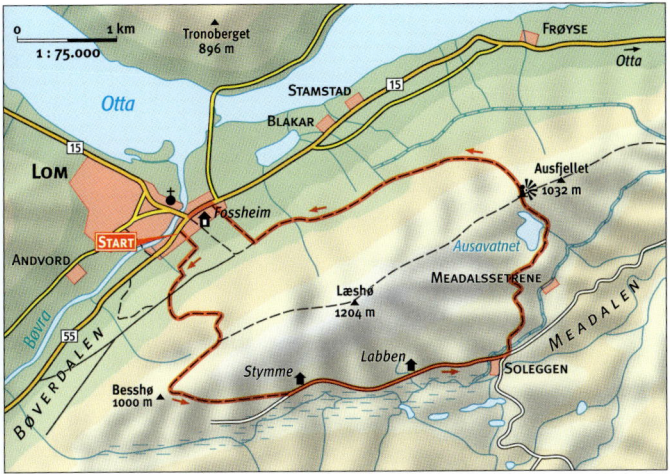

schlagen. Die folgende Straße wird gequert, dann geht es ein paar Stufen aus Holzbohlen hoch, an Station 1 vorbei und mittels Übertritt über einen Zaun. Hier hat man die Bebauung hinter sich und steigt halbrechts auf dem Pfad durch leicht verwildertes Unterholz weiter bergauf. Nach knapp 15 Min. geht der Bewuchs in Wald über, eine zweite Spur trifft von Fossheim hinzu, der Anstieg wird steiler. Nach 30 Min. weist ein Schild geradeaus nach Myrskaret, halblinks geht es Richtung Soleggen weiter. Nach 45 Min. liegt bei Station 14 die glatte Felswand Ljomarberget am Weg, ein Stück weiter bietet sich nach knapp 1 Std. eine erste schöne Aussicht über das Ottadalen.

Immer wieder hat man von jetzt an freie Sicht über das Tal und das jenseitige Fjell, bald auch ins Bøverdalen, dessen milchig-heller Gletscherbach sich bei Lom in die Otta mischt. Auf nun baumlosem, gewelltem Hang steigt man die letzten Meter zum **Bessho** hinauf, vorbei an der nach links abzweigenden Route zum Læshø (1.20 Std.).

Der Pfad lässt das Ottadalen hinter sich und wendet sich in einer grünen Kerbe dem bergigen Hinterland zu. Links erhebt sich der flache Rücken Læshø nur noch knappe 200 m über der Route, rechts dominieren die weiten Hänge des Sålegga, von denen ein Wasserlauf über ein felsiges Halbrund ins Meadalen stürzt. Im Talboden kommt eine Fahrspur in Sicht. Die nun teils mit roten T zusätzlich markierte Route wendet sich mit der flacher werdenden Kerbe etwas links herum und führt dann auf einem sanft abfallenden Bergrücken zu Tal. Die hölzernen Gebäude des alten Seters **Stymme** liegen voraus und sind nach 1.40 Std. mit dem Fahrweg erreicht. Auf den umliegenden Hochweiden des Meadalen weiden im Sommer auch heute noch die Kühe der Bauern von Lom. Bis zum nächsten Almhof wandert man nun auf dem Fahrweg entlang, der nur für die Autos der wenigen Anlieger freigegeben ist. Die großen Gebäude von **Soleggen** sind nach 2 Std. erreicht, und dort endet auch der »Kultursti«. Dicht vor der

Von Lom nach Soleggen

Aufstieg vom Ottadalen

letzten Station (Nr. 20) und noch vor dem Wassergraben, den sie markiert, zweigt der weitere, mit kleinen Holzschildern kenntlich gemachte Wanderweg nach links von der Schotterstraße ab (Schild: »Ausa« und »Lom sentrum«). Zuvor lohnt sich jedoch ein kurzer Abstecher den Graben entlang. Mit ihm wurde seit der Mitte des 18. Jh. das regenarme Kulturland im Ottadalen bewässert. Die insgesamt 20 km lange Bewässerungsanlage wird von den Talbächen Vulu und Sålellselva gespeist, führt in weitem Bogen und mit geringstem Neigungswinkel um den Rauberget herum und fängt unterwegs etliche Nebenbäche ein.

Der Pfad führt vor dem Kanal links in das heidebewachsene Gelände und leicht bergauf nach rechts. Bei einer **Gabelung** folgt man der Beschilderung nach rechts und nähert sich einer Stromleitung, dann muss man vor einer deutlichen Senke nach Markierungen Ausschau halten: Der Wanderweg schwenkt hier nach links. Bald taucht er in den Wald ein und führt dort wieder rechts, nun recht steil bergan (wer in die sumpfige Senke abgestiegen ist, verlässt zwar den markierten Weg, jedoch führen auch die Stromleitungen zuverlässig zum Ausavatnet). Am Hang entlang verlässt der Pfad den Wald und man blickt hinunter

Von Lom nach Soleggen

auf das sanft gewellte Ausfjellet mit einer kleinen Hütte und dem See **Ausavatnet,** zu dem die Markierungen nun bald hinableiten (2.30 Std.). Eine Senke an seinem Ufer bildet kurz darauf einen schönen Rastplatz.

Über einen kleinen Staudamm hinweg und im Linksbogen weiter um den See herum geht es auf die flache Anhöhe hinauf, wo bei einem **Steinmann** ein vom Læshø kommender Pfad gekreuzt wird. Hier beginnt der Abstieg zurück ins Ottadalen (Schild: »Lom sentrum«), und die Aussicht dort hinunter und weit das ausladende Tal entlang ist beeindruckend. In einigen Kurven schwingt sich der Pfad hang-abwärts, bald deutlich wieder auf Lom zu. Allmählich nimmt der Baumbewuchs zu, und nach einer Weile ist man von dichtem Nadelwald umgeben. Nach 3.15 Std. lichtet sich dieser plötzlich, der Hang ist von den Resten eines großen Kahlschlags – durch Sturm oder Forstwirtschaft verursacht – bedeckt. Über das von Himbeergestrüpp überwucherte Gelände führt der Pfad deutlich erkennbar hinab. Weiter unten mündet die Wanderroute in einen überwachsenen Forstweg, der kurz darauf in einen nächsten übergeht; die Markierungen weisen hier nach links. Sie folgen der breiten, grasigen Spur, bald in einen Hohlweg und den bewaldeten Hang oberhalb des Kulturlandes entlang, wo die Spur schmaler wird. Es geht sich unbequem darauf, denn sie ist ebenso abschüssig wie der Hang und offensichtlich noch nicht so lange in Benutzung wie die Wege zuvor. Deshalb wirkt diese letzte Etappe zurück zum Ort wie gewollt und nicht gekonnt; offensichtlich sollen Wanderer um die Heuwiesen herumgeführt werden. Zum Glück dauert die Umleitung aber nur einige Minuten, dann wird ein erster Zaun mittels Übertritt überwunden, kurz darauf ein zweiter auf dieselbe Weise, dann geht es, vorbei an den Stationen 3 bis 1 (die nicht identisch sind mit denen des Hinwegs), über eine kleine Schafweide und auf einem letzten Übertritt ins Kulturland von Fossheim. Der Pfad mündet nahe den Gebäuden in deren Zufahrt, und zwischen dem Steinmuseum und dem Fossheim Hotel erreicht man nach 4 Std. wieder die Hauptstraße von Lom. Auf ihr geht es noch ein paar Meter nach links zum **Ausgangspunkt** zurück.

Der Peer-Gynt-Weg

Norwegens bekannteste Route

Der Peer-Gynt-Weg

Berühmt geworden ist der Besseggen, über den Ibsen seinen Helden Peer Gynt in einem wilden Ritt schickte. Die Wanderung über diesen schroffen Grat ist ein aufregendes Erlebnis, aber keineswegs so halsbrecherisch, wie der Lügenbold in Ibsens Drama vorgibt.

DIE WANDERUNG IN KÜRZE

++ Anspruch

6 Std. Gehzeit

980 m An-/Abstiege

Charakter: Anspruchsvolle Gebirgswanderung, nicht zu empfehlen bei starkem Wind und schlechtem Wetter. Markierter, ausgetretener Pfad, mit teilweise sehr steilen und exponierten Anstiegen.

Wanderkarte: Turkart Jotunheimen 1 : 100 000

Einkehrmöglichkeiten: Unterwegs keine. Die bewirtschafteten Hütten Gjendesheim und Memurubu liegen am Start- bzw. Endpunkt der Wanderung.

Anfahrt: Die Straße Nr. 51 passiert Jotunheimen östlich und verbindet Fagernes mit Otta bzw. Lom. Die Stichstraße zum See Gjende und Gjendesheim ist nicht zu übersehen. Der Parkplatz am Bootsanleger ist der Endpunkt der Wanderung, die Tour beginnt mit der Bootsfahrt von Gjendesheim nach Memurubu. Abfahrtzeiten ab Gjendesheim 2006: Mitte Juni–Anfang September 9.45 Uhr; Ende Juni–Mitte August 7.45 u. 14.25 Uhr (weiter bis Gjendebu!); Anfang Juli–Mitte August auch 8 u. 16 Uhr. Tel. Gjendebåtene: 61 23 85 09; www.gjende.no
Bei schönem Wetter (und entsprechendem Betrieb) werden Zusatzfahrten in beide Richtungen angeboten. Dennoch ist es ratsam, sich zeitig am Anleger anzustellen.

Um den rund 100 Wanderern, die pro Fährtour ebenfalls in **Memurubu** eintreffen, etwas auszuweichen, hält man sich entweder nach der Ankunft des Bootes noch eine Weile bei der hübsch gelegenen Wanderherberge auf oder startet sofort. Auch ist es sinnvoll, möglichst eine frühe Fähre zu nehmen, denn dann besteht auf dem ersten Stück der Wanderung noch kein Gegenverkehr. Bei schönem Wetter ist der Peer-Gynt-Weg die meistbegangene Wanderroute Norwegens – entsprechend einfach ist natürlich auch der Pfad zu finden.

Vom Bootsanleger geht es einige Meter aufwärts in Richtung Hütte, vorbei an einem großen Schilderbaum. Direkt hinter den Häusern ragt markant der kegelförmige Sjugurdtind 300 m auf; auf ihn wird man später hinabsehen.

Man verlässt die Hüttenanlage durch ein Gatter; es geht sofort auf guten Serpentinen kräftig bergan, und die Hütten werden unterhalb immer kleiner. Auch der Sjugurdtind schrumpft zusehends, der Gjende-See wird schmaler, ist dafür bald in ganzer Länge zu überblicken. In der Ferne tauchen erste verschneite Gipfel von Jotunheimen auf. Nach ungefähr 30 Min. ist ein **Wegweiser** erreicht, der Abstecher zu einigen Bergzielen anzeigt. Nach 45 Min. schwenkt der Weg deutlich nach rechts, und der Anstiegswinkel wird jetzt moderater. Über den Schwemmkegel hinweg, der sich bei Memurubu in den Gjende hinausschiebt, sind oberhalb steiler Hänge weite, mit Schnee und Eis gefüllte Kare zu sehen, ihrerseits von schroffen Zweitausendern überragt.

Bei dem Abzweig nach Glitterheim sind nach 1 Std. die ersten 400 Höhenmeter bewältigt, bald darauf hat der breite, steinige Weg den Rücken erreicht. Nun ist auch der Ausblick nach links Richtung Norden möglich, wo zwischen den Bergen der Russvatnet herüberblitzt. Zwar steigt der Weg insgesamt weiterhin an, jetzt aber eher in Wellenform über mehrere kleinere Anhöhen hinweg, wobei der Abhang zum Gjende zunehmend steiler und schroffer wird. Dann kann man voraus zur Rechten Gjendesheim und davor den schmalen Rücken Knutshø erkennen, der das Leirungsdalen mit dem gleichnamigen See umspannt. Zur Linken liegt unterhalb des Besshø der Bjørnbøltjørna in einer felsigen Senke. Allmählich schlängelt sich der Pfad, nun auf einem breiten Grat, hinunter zum Ende dieses Gewässers, weit voraus ist schon der dunkle Grat Besseggen zu erkennen, auf dem der Weg eine deutlich sichtbare, helle Spur bildet. Direkt vom Ufer des **Bjørnbøltjørna** geht es wieder steil aufwärts (1.45 Std.). Zurück eröffnet sich dabei eine grandiose Aussicht: Eingekeilt zwischen den Flanken des Besshø und dem gerade passierten Grat liegt der kleine See nahezu neben dem Gjende, nur dass sich dieser fast 500 Höhenmeter tiefer befindet. Bis nach Gjendebu am westlichen Ende des Sees schaut man von hier. Nach 2 Std. wird dieses Panorama durch einige Felsen versperrt, doch bald ist dieses Hindernis überwunden und voraus das erste Mal der Bessvatnet zu sehen, zu dem es nun wieder 200 m abwärts geht.

Es empfiehlt sich, sorgfältig auf die Markierungen zu achten, da in diesem Bereich etliche Spuren verlaufen. Gerade in Seenähe geht es über recht steile Geröllhänge hinunter. Dann ist der schmale Bereich zwischen dem **Bessvatnet** und dem Gjende erreicht (3 Std.).

Es lohnt sich, gleich noch einige Minuten bergan zu gehen und dann erst die wohlverdiente Pause vor dem letzten Anstieg einzulegen, denn von etwas oberhalb sind die Ausblicke auf die beiden Seen mit dem schroffen Grat dazwischen und über weite Teile der bisherigen Wanderstrecke unübertroffen. Auffallend sind die unterschiedlichen Farben der beiden langgestreckten Wasserflächen: rechts der tiefblaue Bessvatnet, links der eher grünliche Gjende. Seine Farbe verdankt sich winzigen Gesteinspartikeln, die von Gletscherbächen mitgebracht werden und als Schwebstoffe das einfallende Licht brechen. Der Bess-

Blick vom Besseggen auf Gjendesee und Bessvatnet ▷

Der Peer-Gynt-Weg

Der Peer-Gynt-Weg

Tour 22

Der Peer-Gynt-Weg

vatnet hingegen wird nicht von Gletscherwasser gespeist und wirkt deshalb an Sonnentagen blau.

Dann geht es auf blankem Fels entlang der roten T weiter hinauf. Einige Male muss man vielleicht die Hände zu Hilfe nehmen, aber der Grat Besseggen ist für jeden Bergwanderer machbar, wie an schönen Sommertagen Hunderte von Menschen jeden Alters beweisen. Mehrmals wechseln steile Wegabschnitte mit sehr steilen ab, so dass sich öfters vor dem Himmel ein Gipfel abzeichnet, der sich dann lediglich als Zwischenstation entpuppt. Immer wieder aber lohnt ein Blick zurück,

denn die spektakuläre Aussicht hinunter über den Grat und die Seen begleitet diese aus Ibsens »Peer Gynt« berühmte Etappe. Der Dramatiker lässt hier seinen Titelhelden, der schon in älteren Volkssagen als ebenso starker wie lügenhafter Geselle beschrieben wird, eine wilde Jagd auf einem Rentier machen – angeblich. Ibsens Landschaftsbeschreibung basiert allerdings nicht auf eigener Anschauung, sondern auf dem Hörensagen, denn er war nie am Gjende.

Nach knapp 3.45 Std. wird der Hang breiter, nun ist der **Besseggen** wirklich bezwungen. Es geht aber

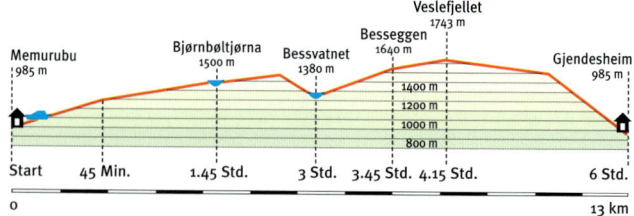

Der Peer-Gynt-Weg

weiter aufwärts, jetzt über ein weites Blockmeer auf einem breiten Rücken, in dem die Wanderspur als helles Band gut zu erkennen ist. Dann ist endlich der Gipfel des 1743 m hohen **Veslefjellet** erreicht (4.15 Std.), der von einem riesigen Steinhaufen markiert wird. Wegen der mäßigen Hangneigung sind die Aussichten im Nahbereich begrenzt, aber die Fernsicht ist in alle Richtungen lohnend. Nach Nordosten sind in der Ferne sogar die runden Kuppen der Rondane zu erkennen. Vielleicht hat man das Glück, auf den weiten Hängen des Veslefjellet eine Herde der hier zahlreich lebenden wilden Rentiere anzutreffen.

Der Weg führt sanft bergab, ist jedoch auch weiterhin ausgesprochen steinig und daher etwas mühselig zu gehen. Bald gabelt er sich, ein Abzweig links führt nach Bessheim, man wandert weiter Richtung Gjendesheim und kommt wenige Minuten später dicht an einem Steilabfall vorbei, von dem man das Ende des Sees mit Parkplatz, Bootsanleger, den Hütten und dem Fluss zum Greifen nahe vor sich hat. Eine deutlich vorspringende Felsnase ergibt ein spektakuläres Fotomotiv.

Nach und nach wird der Abstieg etwas steiler, absatzweise verliert man an Höhe und erreicht über anstehendes Gestein nach 5.15 Std. einen ersten kleinen **Wasserlauf.** Kurz darauf folgt ein zweiter Bach, der in einem schönen Fall über die Felsen stürzt. Hier ist noch einmal Aufmerksamkeit erforderlich, da der Weg steil am Fels entlang abwärts führt. Unterhalb dieser Wasserfälle liegt dann das Hochgebirge endgültig hinter einem. Weiden- und Birkengestrüpp tauchen wieder auf und verleihen der Umgebung einen lieblichen Charakter. Ein Wanderweg von Glitterheim stößt nach 5.45 Std. hinzu; dann verweist ein Schild nach rechts zum **Parkplatz,** wohin es noch ein letztes Mal steil bergab geht. Nach 6 Std. ist dort der Ausgangspunkt der Tour wieder erreicht. Die jüngst aufgenommenen Arbeiten am Abstieg nach Gjendesheim werden diese Etappe zukünftig etwas erleichtern.

Im »Schatten« des Besseggen

Tour 23

Von Gjendebu nach Memurubu

Nicht ganz so berühmt wie die Wanderung auf Peer Gynts Spuren, doch nicht minder lohnend ist diese weiter westlich anschließende Tour hoch oberhalb des Gjende.

DIE WANDERUNG IN KÜRZE

Anspruch: ++

Gehzeit: 4 Std.

Länge: 10 km

Charakter: Auf durchgehend erkennbarem, markiertem Wanderpfad wechseln anspruchsvolle Abschnitte mit problemlosen ab. Für den an ausgesetzten Stellen gesicherten Aufstieg durch den Steilhang Bukkelægret ist Schwindelfreiheit notwendig (Variationsmöglichkeit für nicht ganz Schwindelfreie besteht). Diese Passage ist als leichter Klettersteig einzustufen, aber ohne besondere Ausrüstung zu bewältigen.

Wanderkarte: Turkart Jotunheimen 1 : 100 000

Einkehrmöglichkeiten: Bewirtschaftete Wanderhütten Gjendebu und Memurubu am Ausgangs- bzw. Endpunkt

Anfahrt: Nach Gjendesheim wie bei Tour 22 beschrieben, von dort mit der Fähre nach Gjendebu. Verbindung für Tageswanderer: von Ende Juni bis Mitte August ab Gjendesheim tägl. 7.45 Uhr, ab Memurubu zurück um 16.40 Uhr. Auskunft: Tel. 61 23 85 09; www.gjende.no Das Schiff nach Gjendebu fährt seltener als das nach Memurubu.

Auch wenn die Wanderung direkt beim Fähranleger in **Gjendebu** begonnen werden kann, lohnt sich in jedem Fall ein vorheriger Abstecher zur Wanderhütte. Die alte Seteranlage liegt wenige Gehminuten nach links im flach auslaufenden Ende des Gjende. Das versandete Bachdelta, die abzweigenden Talzüge des Storå- und des Vesledalen, der dazwischen aufragende Hausberg Gjendestunga und die schroffen Berghänge beiderseits des langgestreckten Gjende prägen die Umgebung der Hütte. Sie ist Unterkunft für Wanderer seit 1870 und hat das Flair aus dieser Frühzeit des Fußtourismus bewahrt – ein idyllischer Ort auch für längere Aufenthalte. Wer am selben Tag zu Straße und Auto zurückkehren will, hat allerdings nur Zeit für einen Morgenkaffee, dann geht es zurück zum Anleger, mit Ausblick über den See bis hin zum Besseggen, der auf der Wanderung noch einige Male zu sehen sein wird.

Am Bootssteg geht es geradeaus weiter. Man folgt dem nahe dem Seeufer in den Birkenwald verschwindenden Pfad am Gjende entlang. Der grünliche See liegt nun immer am Weg, der bald auch mit den roten

Von Gjendebu nach Memurubu

T markiert ist. Eine halbe Stunde bleibt der Pfad am buschig bewaldeten Fuß der dunkel und schroff ansteigenden Berghänge, dann weist ein Schild darauf hin, dass am Seeufer nun kein Weiterkommen mehr ist: Nun geht es die Steilhänge des **Bukkelægret** hinauf. Zunächst windet der Pfad sich den schotterigen Bergfuß in gut ausgetretenen Serpentinen aufwärts, bald sind die ersten Felsabsätze erreicht, die Kletterpartie beginnt, an schwierigen Stellen mit dicken Ketten gesichert. Mit Hilfe der zuverlässigen Sicherung ist der Aufstieg unproblematisch. Der Fels geht in einen stark geneigten Grashang über, in dem der Pfad nun wieder in vielen Windungen weiter bergan führt; noch einmal werden ein paar niedrige Felsstufen durchstiegen, dann wendet der Weg sich schräg hinauf zu einem weithin sichtbaren **Steinmann,** der die obere Kante des Berghangs markiert (1.30 Std.). Spätestens von hier oben aus etwa 1450 m Höhe sollte man unbedingt die grandiose Landschaft um sich herum eines Blickes würdigen: Fast 500 m tiefer liegt nun der türkisfarbene Gjende, dessen jenseitiges Ufer zu dunklen Bergflanken aufsteigt, die oben von einem Kranz aus Gipfelzinnen, Felsgraten und gletschergefüllten Karen begrenzt werden. Von den spitzen Svartdalspiggane rechts, auf Höhe des Seeendes bei Gjendebu aufragend, über die eisgefüllte Karschüssel Knutsholet bis zum steil eingekerbten Hochtal am Tjørnholstind erstreckt sich das hochalpine Panorama in Schwarzweiß zwischen dem türkisfarbenen See und dem – hoffentlich – blauen Himmel. Auf dieser Seeseite liegt in einer Mulde unterhalb ein kleiner Tümpel, und flaches rundkuppiges Fjell erstreckt sich hier oben in alle Richtungen.

Man wendet dem Panorama am Gjende den Rücken zu und durchquert eine flache Senke, jenseits führt der Weg halbrechts auf eine nächste Kuppe und dort gleich zu ei-

Aufstieg am Gebirgskamm oberhalb des Gjende

Von Gjendebu nach Memurubu

nem Wegweiser: Hier trifft die Alternativroute von Gjendebu über Storådalen hinzu. Geradeaus geht es in die weite Fjellregion von Memurutunga hinein, in der Flechtenbewuchs lebhafte Farbakzente auf den grauen Fels setzt. Nach rechts sind auch weiterhin die Kare und Tinde im Süden zu sehen, nach Norden tauchen weitere Gipfel Jotunheimens auf: Semmeltind ganz im Nordwesten, daneben Heilstugu- und Memurutindane, dann der mehrgipflige Surtningssua, alle unterbrochen von den weißen Eisflächen zahlreicher Gletscher. Voraus wird der Kreis der Bergriesen vom Besshø geschlossen. Der stumpfe Gipfel überragt mächtig den berühmten Besseggen, dessen steilen Felsgrat man rechts unterhalb ausmachen kann. Wieder durchquert die Route eine flache Mulde, führt zwischen zwei Tümpeln hindurch, steigt erneut an, und man hat nun schon das tiefe **Memurudalen** vor sich liegen. Man passiert nach 2 Std. einen beschilderten **Abzweig** dorthin und wandert weiter über den breiten Fjellrücken, der diesen markanten Talzug vom Gjende trennt. Immer wieder reicht der Blick über die seengesprenkelte Hochfläche bis zu dem riesigen See unterhalb, in dessen von Gletscherwasser getrübten Fluten Sonnenstrahlen von winzigsten Gesteinspartikeln gebrochen werden und die faszinierenden Farbnuancen hervorrufen. Hinter einer weiteren wassergefüllten Senke

steigt der Rücken sanft an, voraus ist nichts weiter als der felsübersäte Hang zu sehen. Der Sjugurdtindtjørna wird passiert, dahinter führt die Route bald deutlicher bergan, und kurz darauf liegt der Gipfelsteinmann auf der **1500 m hohen Kuppe** links neben dem Weg (2.45 Std.). Ein kurzer Abstecher dorthin lohnt sich, denn nun blickt man ins Memurudalen über schroff abfallende Hänge. Die Wanderroute bleibt oben auf dem zum breiten Grat verengten Fjellrücken. Dieser senkt sich voraus gleich ein paar Meter ein, zwischen den links steil abfallenden Flanken und einem rechts angrenzenden, seengesprenkelten Hochtal geht es hindurch und dahinter gleich wieder

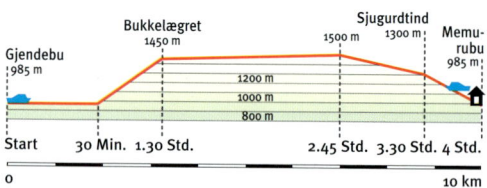

aufwärts. Bald kommen voraus schon die Hütten von Memurubu in Sicht. Noch einmal muss eine Einsenkung durchwandert werden. Der Grat ist hier besonders schmal, so dass rechts über die Steilhänge der Gjende in den Blick kommt. Wieder oben auf der nächsten Kuppe, ist nach 3.30 Std. der **Sjugurdtind** erreicht, erkennbar an einem Gipfelsteinmann.

Von dieser 1300 m hohen Anhöhe beginnt nun der eigentliche Abstieg ins Tal. In Etappen geht es hinunter, mal über Felsstufen, dann wieder in Windungen durch erdig-steinigen Untergrund. Wenn ein Steinmann auf einer ausgesetzten Felsnase erreicht ist, wendet die Spur sich deutlich nach links einer Kerbe im Hang zu, durchquert sie und bleibt dann jenseits davon; das Gelände weiter rechts wird unterhalb zu steil zum Absteigen. Allmählich wird das Terrain bewachsener, dann auch flacher, eine Brücke führt über die Muru, gleich dahinter ist nach etwa 4 Std. die große **Wanderhütte** erreicht. Wer die Nachmittagsfähre zurück nach Gjendesheim nehmen will, hat vielleicht noch Zeit, sich in der Cafeteria zu stärken, denn bis zum Anleger sind es nur noch wenige Minuten.

Variante

Der Steilanstieg ist zwar ein Hauptreiz dieser Tour, doch auch nicht ganz Schwindelfreie können zu Fuß von Gjendebu nach Memurubu gelangen. Auch bei Wetterverschlechterung, starkem Wind oder Regen bietet sich diese etwa 1.15 Std. längere Alternative an: Von Gjendebu den Schildern Richtung Leirvassbu/Spiterstulen folgend ins Storådalen, bis nach etwa 45 Min. ein Abzweig nach rechts hangaufwärts weist; auf diesem Weg gelangt man in etwa 2 Std. zur Weggabelung oberhalb der Steilhänge des Bukkelægret.

Südliches Tor nach Jotunheimen

Berg- und Talwanderung am Vettisfossen

Von Øvre Årdal zieht sich das Utladalen tief in das Jotunheimen-Gebirge. Am Vettisfossen führen Routen in die Berge und erschließen den Nationalpark für Mehrtageswanderer. Der Abstieg durch das Hjelledalen ergibt auch für Tageswanderer eine lohnende Runde.

DIE WANDERUNG IN KÜRZE

Anspruch: ++

Gehzeit: 7 Std.

An-/Abstieg: 950 m

Charakter: Außer genügend Kondition sind keine besonderen Voraussetzungen für diese Tour erforderlich, die teils recht steile Passagen aufweist. Bei feuchter Witterung kann der Abstieg etwas rutschig werden. Vom anfänglichen breiten Spazierweg bis zum steinigen Pfad ist alles dabei. Auch dort, wo die Route nicht markiert ist, ist sie deutlich zu finden.

Wanderkarte: Turkart Jotunheimen 1 : 100 000

Einkehrmöglichkeit: Vetti

Anfahrt: Øvre Årdal, Hinterland von Årdalstangen am innersten Abzweig des Sognefjords gelegen, ist von Süden ab der E 16 beim Filefjell über die Straße Nr. 53 oder von Lærdalsøyri auf der Nr. 5 und ebenfalls auf der 53 zu erreichen. Von Norden zweigt eine mautpflichtige Straße von der 55 bei Turtagrø hierher ab. Vom Ort aus taleinwärts erreicht man nach 8 km den Parkplatz bei Hjelle, an einem schönen Wasserfall gelegen.

Der **Parkplatz bei Hjelle** liegt am Fuß des ansehnlichen Wasserfalls der Hjelledøla, an der entlang man später die Rundtour beendet. Zuerst aber geht es gemütlich auf dem Fahrweg dem Tal nach, vorbei am Wohnhaus von Hjelle. Kurz darauf erreicht man bei einem kleinen Kiosk einen Schlagbaum, hinter dem jeder Motorverkehr endet. Hier beginnt

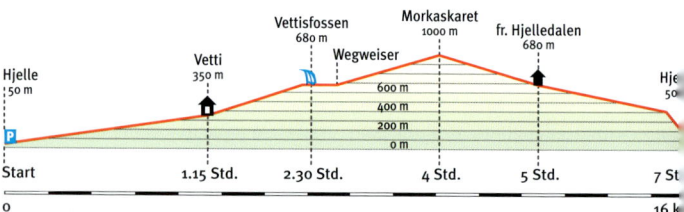

Berg- und Talwanderung am Vettisfossen

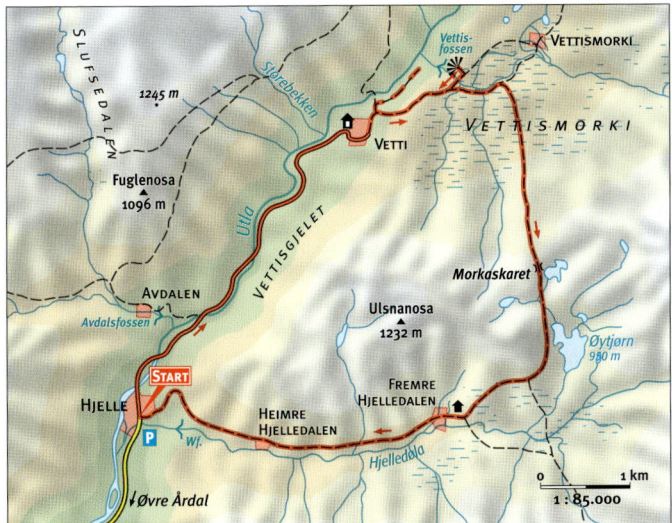

der »Folkevegen«, ein in den 70er Jahren angelegter und sehr beliebter Spazierweg nach Vetti, auf dem der erste Abschnitt der Wanderung nun verläuft. Voraus wirkt das Utladalen steil und eng, auch der Fluss, den man gleich auf einer ersten Holzbrücke quert, ist in ein schmales Felsenbett gezwängt. Ein Stück weiter geht es wieder auf die rechte Flussseite hinüber; ab und zu informiert ein Schild über den Verlauf älterer Pfade durch dieses Tal. Links kommt der hohe Avdalsfossen erst recht spät in Sicht, mit gut 170 m Höhe schon ein beeindruckender Wasserfall, und doch noch 100 m niedriger als der Vettisfossen. Oberhalb des Avdalsfossen liegt auf einer kleinen Kuppe ein ehemaliger Almhof, der heute für Wanderer bewirtschaftet ist; ein beschilderter Abzweig biegt bald am linken Wegrand dorthin ab. Man bleibt allerdings auf dem Hauptweg und quert gleich wieder die Utla bei einer sehenswerten Klamm. Der Weg durchquert ein Geröllfeld mit auffallend großen Brocken, die von einem Bergsturz aus dem Jahr 1870 herrühren, als ein einziger riesiger Felsen oberhalb aus der Wand gebrochen sein soll. Eine Weile später, nachdem die Uferseite ein letztes Mal gewechselt wurde, steigt der breite Weg deutlicher an, und bald darauf wird voraus der **Hof Vetti** sichtbar, der inmitten üppiger Hangwiesen liegt. Oft werden Wanderer hier nun schon von den Ziegen des Hofes begrüßt, die ihnen das letzte Stück neugierig folgen. Verschiedene Wanderschilder unweit der bewirtschafteten Hütte geben Aufschluss über den weiteren Routenverlauf.

Auch der Weg zum Fuß des Vettisfossen beginnt hier. Wer der Wanderung wie beschrieben weiter folgt, erlebt später den Fall von oben fast noch beeindruckender und kann sich diesen einstündigen Abstecher daher im Zweifel sparen. Was sich aber in jedem Falle lohnt, ist eine Pause in der gemütlichen Atmosphäre der alten Gaststube des **Vetti-Hofes** (1.15 Std.).

Weiter geht es der Beschilderung Richtung Vettismorki nach. Sofort beginnt der Aufstieg aus dem hier erst 350 m hohen Tal. In bewaldetem Terrain windet sich der Pfad den steilen Hang bequemer hinauf, als man bei einem Blick von unten vermuten würde. Einige Stellen sind gesichert, was allerdings eigentlich nicht notwendig ist. Aber dennoch muss nun der Hauptanstieg der Tour bewältigt werden. Wo der Wald sich zwischendurch lichtet, gibt er den Blick hinunter auf das Utladalen mit dem Hof frei. Nach etwa 2 Std. wird der Anstieg sanfter, eine alte Feldsteinmauer wird passiert, ein Sumpfstück auf Bohlen überwunden, dann erreicht man ein Schild, das rechts nach Sletterust/Tyinholmen weist. Doch bevor sich die Wanderung dorthin orientiert, steht noch ein kurzer **Abstecher zum Vettisfossen** bevor, also geht es erst einmal dorthin nach links, dem Schild »Vettismorki« nach. Nur ein paar Minuten auf der recht moorigen Hochebene, und man trifft auf den Fluss, der hier für den Sturz in die Tiefe Anlauf nimmt. Über das felsig-glatte Flussbett leitet eine Holzbrücke, dahinter führt der Pfad zu der **Aussichtsplattform** (2.30 Std.). Von hier kann man den Vettisfossen unverstellt von der oberen Absturzkante bis tief in den Talboden verfolgen; ein sehr beeindruckendes Spektakel.

Zunächst geht es zur beschilderten **Weggabelung** zurück und dort Richtung Sletterust/Tyinholmen weiter. Ein lieblicher Bach wird auf breiten Holzplanken überquert. Dahinter wird das Gelände licht bewaldet, kleine Seen liegen darin eingesprenkelt, abgestorbene Baumstümpfe setzen mit ihren weißen Ästen einen melancholischen Akzent. Ein weiterer Bach wird überquert und begleitet den Weg ein Stück, dann weist wieder ein Schild die Richtung: Rechts geht man nun nach Tyinholmen via Hjelledalen, zunächst gleichmäßig bergauf, denn bis zum Pass sind noch etwa 250 Höhenmeter zu bewältigen. Durch Moor-Heide-Gelände, mit stattlichen Kiefern und Birken bestanden, führt die Route mit roten T bestens markiert dahin, und man hat Zeit, den Blick über das umliegende Bergland schweifen zu lassen, in dem mit zunehmender Entfernung die Gipfel immer höher und schroffer zu werden scheinen. So manches Schnee- und Firnfeld ist an den Gipfeln auch im Sommer zu entdecken. Auch voraus werden die Hänge bald unbewachsener. Kahle Kuppen begrenzen den gut 1000 m hohen **Morkaskaret,** der nach etwa 4 Std. bei einem markanten Steinmann erreicht ist. Jenseits der Pass-höhe liegen voraus kleine Seen in einer Senke, die sich dahinter zum oberen Hjelledalen öffnet. Dorthin führt der Wanderweg in recht dichtes Strauchwerk, leitet aber doch ganz passabel durch das kniehohe Dickicht hindurch und passiert die Seen am rechten Hang. Der größere Øytjørn kommt erst beim Abstieg in Sicht. Hat man ihn hinter sich gelassen, folgt die nächste Weggabelung: Nach rechts führt der von nun an unmarkierte, aber eindeutig erkennbare Weg durch das Hjelledalen hinunter. Ein Stück geht es noch durch eine kleingliedrige Felslandschaft, dann öffnet sich das Tal voraus und gibt den Blick über weite, sanft geneigte grüne Hänge frei, in deren Mitte am Fluss gelegen die Hütten von **Fremre Hjelledalen** zu erkennen sind. Weit dahinter verengt sich das

Berg- und Talwanderung am Vettisfossen

Tal V-artig und fällt zum Utladalen hin ab. Fast der ganze verbleibende Wegverlauf liegt somit offen vor einem. In Etappen von sanfter und stärker geneigten Absätzen fällt das Gelände ab, bis nach 5 Std. die Gebäude nahe dem Flussufer erreicht sind. Sie sind bis auf die verschlossene Hütte des Wandervereins privat, wer drinnen rasten will, braucht den Schlüssel des DNT.

Über die Almwiesen und entlang der **Hjelledøla** geht es auf bewaldetes Gelände zu und darin nun ein Stück fast ebenerdig voran. Doch der Fluss schneidet links deutlich tiefer in den Untergrund ein, und so bleibt auch der Wanderweg nicht mehr lange auf dieser Höhe. Mal ist er steiniger, dann wieder nasser, doch immer gut erkennbar. Erst nach 5.45 Std. ändert sich das Bild. Ein kleines Wohnhaus liegt in üppig zugewachsenem Wiesengelände am Weg, **Heimre Hjelledalen**. Dann geht es wieder durch Wald und bald kommt voraus der steile Gegenhang im Utladalen in Sicht. Auch diesseits wird es nach 6 Std. wieder schroffer, der Fluss rauscht und fällt laut vernehmbar in einer Steilkerbe hinab, neben der die Wanderroute in Serpentinen einschwenkt und die letzten 300 Höhenmeter abwärts in Angriff nimmt. Auf halber Strecke in den Talboden führt der Weg noch einmal in Sichtweite an den fallenden Fluss heran. Nach etwa 7 Std. ist das Tal beim Wohnhaus von Hjelle wieder erreicht und gleich darauf der benachbarte **Parkplatz.**

Der Vetti-Hof tief unten im Tal

Hjelle aus eine beliebte, 3-stündige Ausflugstour. Dem Schild »Vettisfossen« nach, erreicht man einen recht steil geneigten Hang, an dem der Abstieg zum Fluss mittels Seilsicherungen erleichtert wird; es ist etwas mühsam, aber nicht gefährlich. Unten geht es am steinigen Ufer entlang, vorbei an der Hängebrücke immer geradeaus, bis der Fall voraus in einem hohen, steilen Seitental in Sicht kommt. Auf demselben Weg geht es zurück.

Zum Fuß des Vettisfossen

Der Abstecher zum Vettisfossen von unten ist hin und zurück ab Vetti in gut 1 Std. zu schaffen und bildet von

Gute Sicht von flacher Kuppe

Zum Spåtind im Gausdal Vestfjellet

Der Vorhof von Jotunheimen, wie Gausdal Vestfjellet genannt wird, zeigt ruhigere Landschaftsformen als sein westlicher Nachbar. Eine familienfreundliche Route führt ohne große Anstrengung aus den Wald- und Moorregionen mit ihren Ferienhausgebieten zum Spåtind.

DIE WANDERUNG IN KÜRZE

Anspruch: +

Gehzeit: 4 Std.

Länge: 14 km

Charakter: Einfache Wanderung auf erkennbaren Pfaden, rot markiert

Wanderkarte: TK 1 : 50 000, Blatt 1717 II, Synnfjell

Einkehrmöglichkeiten: Unterwegs keine; Kiosk und Cafeteria in Lenningen

Anfahrt: Der Vestfjellvegen verbindet Lillehammer mit Fagernes: Von Fagernes Richtung Flughafen und der Straße und Beschilderung Richtung Lenningen folgen. Zwischen Lenningshøgda und Lenningen beginnt die beschilderte Spåtind-Turloype bei einem einzelnen roten Haus. Anfahrt von der anderen Seite: Nördlich von Lillehammer zweigt die Straße Nr. 255 von der E 6 ab, bei Forset/Vestre Gausdal links auf den Vestfjellvegen und bis zur beschriebenen Stelle.

Ein breiter Pfad führt ab dem Schild »Turloype Spåtind« an dem roten Haus zwischen **Lenningen** und Lenningshøgda vorbei durch die Wiesen- und Heidelandschaft. Er steigt ein paar Meter an, passiert einen kleinen Moortümpel und trifft auf eine Fahrspur, der man nach links folgt. Die Gabelung ist mit einem roten T deutlich markiert, so dass man sie auf dem Rückweg wiederfindet. Der Fahrweg führt an einem letzten **Hofgebäude** (15 Min.), einer Stallung und Weideland entlang und endet dann. Der anschließende Wanderweg biegt nach rechts und führt nun an einem links gelegenen See vorbei und durch licht bewaldetes Terrain. Zwischendurch sind voraus immer wieder die Bergkuppen des weiten Synnfjells zu sehen, dessen höchste Erhebung, der 1414 m hohe Spåtind, Ziel der Wanderung ist. Doch ist dieser Gipfel in dem nur sanft anstei-

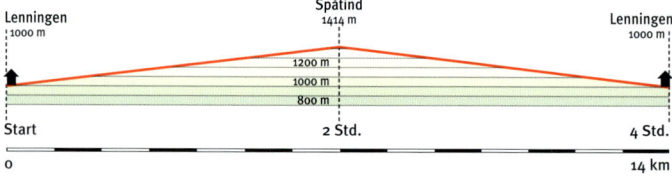

Zum Måtind im Gausdal Vestfjellet

genden Fjell noch nicht zu entdecken. Zwischen moorigen Feuchtstellen und über ein bräunliches Rinnsal hinweg führt die Route nun sanft bergan, bald wird der Birkenwald lichter, es geht auf einen ersten **felsigen Absatz** zu. Oben lohnt sich nach knapp 45 Min. ein erster Rundblick, denn zurück liegt nun schon die weite, bewaldete Ebene deutlich unterhalb, Feriensiedlungen wie die von Lenningen liegen hier und da in den Wald eingestreut, und kleine Seen sprenkeln das grüne Gelände mit ein paar silbrig-grauen Flecken. Durch eine Senke geht es in leichtem Linksbogen über zwei klare Rinnsale hinweg. Schaut man zum Synnfjell hinauf, kann man den Spåtind von hier anhand eines würfelförmigen Bauwerks erkennen, das sich auf seiner Kuppe erhebt. Das Militär nutzt die unverstellte Lage für seine Zwecke.

Wieder steigt der Weg einige Meter deutlicher hinauf und erreicht ein neues, weites Hochtal, das gequert wird. Zwischen ein paar Felskuppen und über den Bach **Hasabekken** geht es auf den halbrechts liegenden Haupthang zu, der glatt und felsig aus dem grünlichen Terrain aufsteigt. An seinem Fuß ist nach knapp 1.30 Std. bei einem weiteren Wasserlauf ein **Wegweiser** erreicht, der zurück nach Lenningen zeigt. Nun steigt der Weg am Haupthang stark an, und mit Blick über das gerade durchquerte Hochtal an den weiten, sanft geneigten Hängen des Synnfjells überwindet man die nächsten etwa 80 Höhenmeter zügig. Wieder ebenerdiger geht es nun zu einem nächsten Wegweiser, der schon unterhalb der Gipfelkuppe mit dem Betonklotz steht und einen Abzweig nach Süden markiert; auf dem Rückweg muss man sich hier an die rechte Spur halten. Schon hier fällt der Blick voraus auf neue Täler und Hänge, die sich nach Süden erstrecken. Ein letzter kurzer Anstieg links hinauf, und das Ziel, der Gipfel des **Spåtind,** ist nach 2 Std. erreicht. Bei guten Sichtverhältnissen sollte man nach Süden bis zum Gaustatoppen bei Rjukan, nach Westen über die schroffen Gipfel des benachbarten Jotunheimen-Gebirges und nach Norden auf die grauen Kuppen von Rondane blicken können. Doch selbst bei diesigem Wetter ist die Aussicht über die weite, vermoorte Synnfjellvidda beeindruckend. Der Rückweg verläuft auf derselben Strecke, und nach 4 Std. ist **Lenningen** wieder erreicht.

Ormtjørnkampen

Der sehenswerte Fichtenurwald des kleinen Nationalparks Ormtjørnkampen liegt ebenfalls am Vestfjellvegen etwas weiter östlich: Nahe der idyllischen Holtsbrua zweigt ein gesperrter Fahrweg ab (Schlüssel beim Café 1 km hinter der Brücke), von diesem führt nach 30 Min. Wanderzeit bei Ormtjørnsetra am Bachufer ein Trampelpfad nach rechts.

Auf diesem Pfad geht es den Hang des 1128 m hohen Ormtjørnkampen entlang durch das Dickicht aus bis zu 300 Jahren alten Fichten zur seengesprenkelten Passsenke Storskaret zwischen dem rechts liegenden Namensgeber des Naturschutzgebietes und dem links angrenzenden Dokkampen. Auf deutlichen Pfadspuren erreicht man von hier rechts abbiegend über den Nordosthang die baumlose Gipfelkuppe (1.30 Std.).

Weites Fjell am Spåtind

Auf historischen Pfaden durch das Lærdalen

Wo einst die Postkutsche fuhr

Tour 26

Auf historischen Pfaden durch das Lærdalen

Vor dem Eisenbahnbau führte die Hauptverbindung von Oslo nach Bergen durch das Lærdalen zum inneren Sognefjord. Mit dem Filefjell war nur eine kurze Gebirgspassage zu bewältigen. Heute sind einige Etappen der alten Poststrecke für Wanderer erschlossen.

DIE WANDERUNG IN KÜRZE

Anspruch: +

Gehzeit: 2.30 Std.

Länge: 8 km

Charakter: Problemlose Wanderung auf alten, größtenteils mit Gras überwachsenen Fahrwegen. Zwei kurze Stücke verlaufen neben der Hauptstraße E 16.

Wanderkarte: TK 1 : 50 000, Blatt 1517 III, Borgund

Einkehrmöglichkeiten: Keine

Anfahrt: Auf der E 16 von Lærdalsøyri kommend, trifft man gut 1 km nach der Brücke und dem Hof Sælto (Seltun) vor der Tunneleinfahrt auf einen Abzweig nach links zur alten E 16, an dieser auf einen als Picknickplatz beschilderten Parkplatz rechts der Straße in einer Kurve. Hier beginnt der Wanderweg.

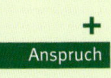

Ein Schild beim **Parkplatz** weist auf den Beginn einer karrenbreiten alten Fahrspur hin, die sich nun leicht ansteigend den bewaldeten Hang hinaufzieht. Sie ist mit einem Gatter versperrt, das man umgeht. Der angelegte Weg hebt sich deutlich im Gelände ab und führt bequem dahin, unterhalb ist der Fluss im Haupttal mehr zu hören als zu sehen. Der alte Weg umgeht das unten enger werdende Flusstal nun über den sanften Querrücken. Am Gegenhang kommt der mächtige Wasserfall des Sokni in Sicht, an dem der Rückweg vorbeiführen wird. Auch von hier ist er sehr beeindruckend: Im oberen Teil fällt die weiße Gischt frei hinab, um darunter in wilden Kaskaden über die Felshänge zu springen; darunter überspannt eine filigrane Holzbrücke die schäumenden Wassermassen, bevor sie in den Hauptfluss münden.

Bisher ging es tendenziell aufwärts; bald nach dieser Stelle ist dann der höchste Teil des Weges überwunden. Der markanteste Abschnitt ist nach knapp 30 Min. dort erreicht, wo der Weg eine steile, tiefe **Talkerbe** überwindet, die quer in den Hang einschneidet. Als hoher Damm, aus Feldsteinen aufgeschichtet, passiert er diese Stelle in engem Bogen, und die geschwungene steinerne Wand endet links der Fahrspur erst in schwindelnder Tiefe. Diese beeindruckende Konstruktion wird in ihrer Wirkung noch von zur Rechten steil ansteigenden Felswänden unterstützt, die die Route noch eine Weile begleiten. Langsam absteigend gelangt man nun bald wieder ins Haupttal hinunter. Vorbei

Auf historischen Pfaden durch das Lærdalen

Der Wasserfall des Sokni

an einem einzelnen Haus geht es zur ehemaligen E 16 hinunter.

Zur Orientierung sei ein Blick zur jenseitigen Flussseite empfohlen: Deutlich erkennt man neben einer privaten, versperrten Fußgängerbrücke die steinernen Ansätze einer ehemaligen Brücke, in deren jenseitiger Verlängerung auch die dorthin leitende alte Karrenspur wieder auszumachen ist. Um dorthin zu gelangen, geht es auf einem kurzen Umweg zur nächsten öffentlichen Brücke nun an der E 16 entlang nach rechts, flussaufwärts, und man erreicht nach wenigen Minuten den Eingang zu einem kurzen Straßentunnel, den man auf einer älteren Fahrspur entlang des tief einschneidenden Flussufers bequem umgeht. Am anderen Tunnelende ist nach kaum 1 Std. ein Schotterplatz an der Straße und dahinter eine Brücke zu sehen, ein Schild weist in deren

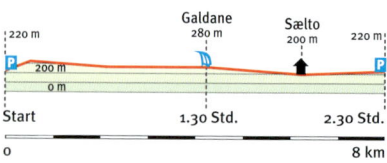

Auf historischen Pfaden durch das Lærdalen

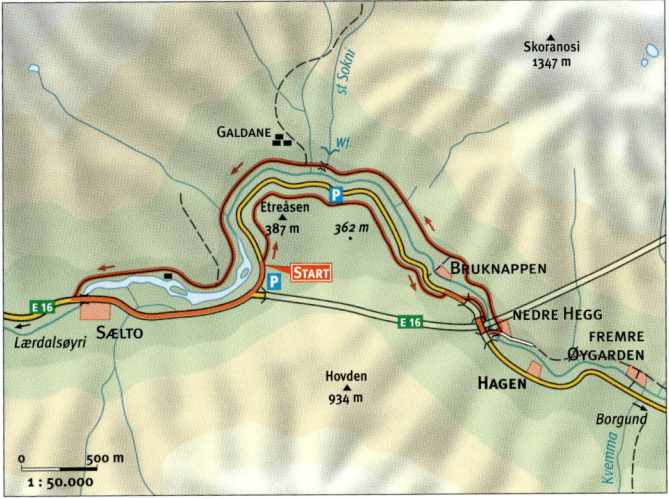

Richtung und trägt den Namen des im folgenden benutzten Wanderweges: Galdane.

Der Lærdalselva tobt hier durch eine beeindruckende Klamm und hat gut erkennbare Strudeltöpfe in den Fels gefräst. Ein rechteckiges Loch an der Wasserlinie in der jenseitigen Steilwand ist allerdings künstlich und Teil aufwendiger Lachstreppen, die hier schon früh im 19. Jh. angelegt wurden, um Angler anzulocken. Vor allem gut betuchte adelige Briten kamen hierher, um dem König der Fische nachzustellen und die umliegende Bergwelt zu erobern; die erste Touristengeneration sozusagen. In noblen Herbergen wie dem Hotel Husum, etwas weiter flussaufwärts, ließ es sich standesgemäß residieren.

Nach Überqueren des Flusses beschreibt die Fahrstraße eine Rechtskurve, und dort weist ein weiteres Schild nach links. Ihm folgend, gelangt man wieder auf ruhigere Pfade. Zwischen einer Feldsteinmauer und natürlich anstehenden Felsen führt der Karrenweg, der heute nur noch von landwirtschaftlichen Fahrzeugen benutzt wird, durch ein Gatter und dahinter durch eine schmale Klamm, Olafsklemma, so genannt nach dem norwegischen König, der hier im 11. Jh. durchgekommen sein soll. Dann ist bald die Privatbrücke voraus zu sehen, der Weg beschreibt einen weiten Linksbogen in Richtung auf den alten Brückenpfeiler zu, während die Wanderung dem beschilderten Abzweig halbrechts nach Galdane folgt. Die Route auf dieser nördlichen Flussseite soll die älteste Verbindung durch das Lærdalen gewesen sein und führte ehemals wohl höher am Hang und gefährlicher dahin. Erst Mitte des 19. Jh. wurde die Strecke auf der Südseite fertiggestellt, jener Abschnitt also, auf dem der Hinweg verlief. Die Route quert hier über die ehemalige Brücke den Fluss. Die breite Spur wendet sich etwas hangaufwärts, passiert eine Ferienhütte und führt dann in üppigeren Bewuchs hinein. Durch lichten Wald und eine dichte Krautschicht geht es zu einem schmalen Wasserfall, kurz dahinter durch ein neues Gatter und auf dem nun stellenweise zum Trampelpfad verengten Weg langsam wieder hinunter.

Nach 1.30 Std. erreicht der Pfad eine der Hauptattraktionen der Tour, den mächtigen **Wasserfall des Sokni**. Schon von weitem fällt der Wasserschleier auf, der bei jeder Wetterlage den Hang einnebelt, bei Sonne in allen Farben des Regenbogens schillernd. Schon vor Erreichen der kleinen Holzbrücke, die den schäumenden Nebenfluss überspannt, sollte man seine Regenjacke anziehen und die Kamera vor dem Dauernieseln schützen. Gleich jenseits der Brücke liegt oberhalb das alte Anwesen **Galdane**, ein Gehöft, das bis in die Mitte des 20. Jh. bewohnt war. Malerisch ducken sich die verschiedenen niedrigen Holzgebäude an den stark geneigten Grashang; das zweitbeliebteste Motiv dieser Gegend. Zwei schmalere Wasserläufe werden unterhalb der Hütten gequert, dann geht es unter Bäumen dicht am rauschenden Fluss entlang. Der Weg führt nun, von hohen Steilhängen flankiert, dicht am Ufer als breites, grasiges Band über Gesteinsschotter hinweg; fast wie ein grüner Teppich wirkt die ebenmäßig angelegte Spur. Auf ihr geht es nun eine Weile entlang, wobei jenseits an der Straße schon der Parkplatz in Sicht kommt, von wo man gestartet ist. Doch ist er nur auf einem Umweg weiter flussabwärts zu erreichen. Es geht auf ein umzäuntes Wiesengrundstück zu, das sich nach 2 Std. zwischen Ufer und Weg zwängt. Durch zwei Gatter, an einem kleinen, noch bewirtschafteten Gehöft und an Obstbäumen vorbei, dann noch ein kurzes Stück durch Wald, und die Straßenbrücke bei Sælto ist erreicht. Jenseits führt ein Rad- und Fußweg parallel zur E 16 zurück zum **Parkplatz**, an dem man nach knapp 2.30 Std. die Runde beendet.

Variante (2 Std.)

Am Scheitelpunkt der beschriebenen Wanderung setzt man den Weg flussaufwärts fort, entweder auf der alten E16 oder dem Öygardsvegen auf der anderen Flussseite. Kurz vor dem Traditionshotel Husum führen beide zusammen, ein kurzes Stück hinter der alten Herberge beginnt der Vindhellavegen von 1791. Dieser windet sich in beeindruckend konstruierten Serpentinen über den Bergrücken und stößt bei der berühmten Stabkirche von Borgund auf den noch älteren markierten Sverrestigen, der vor grandioser Bergkulisse Richtung Husum und Galdane zurückführt.

Wilde Pfade, schroffe Schluchten

Rundwanderung durch das Aurlandsdalen

Unwegsame Schluchtensysteme verlängern den inneren Sognefjordbereich nach Süden; nur über steile Saumpfade, mit Seilen und Leitern gesichert, kam man vor dem Straßenbau hier voran. Die alten Wege sind heute zur spektakulären Trekkingroute ausgebaut.

DIE WANDERUNG IN KÜRZE

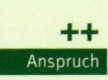
Anspruch

5.45 Std.
Gehzeit

15 km
Länge

Charakter: Anspruchsvolle, aber ungefährliche Wanderung entlang markierter Pfade über steile Hänge und durch Schluchten. Trittsicher und schwindelfrei sollte man sein.

Wanderkarte: TK 1 : 50 000, Blatt 1416 I, Aurlandsdalen

Einkehrmöglichkeiten: Unterwegs keine; zwei Gasthöfe in Øvstebø

Anfahrt: Von der Straße Nr. 7 zweigt im Hallingdalen bei Hol die Nr. 50 nach Aurland (E 16) ab. Die Gasthöfe von Øvstebø (Østerbø) liegen im oberen Aurlandsdalen etwas abseits der Straße am großen Aurdalsvatnet, 30 km von Aurland entfernt.

Am Wirtschaftsweg zwischen den Gebäuden der beiden Gasthöfe von **Øvstebø** weist ein Schild Richtung Vassbygd/Aurland, dem man zwischen Kulturland zur Linken und felsigem Hang zur Rechten folgt. Nach wenigen Minuten überquert man eine Brücke. Hinter einem Gatter weist das nächste Schild den Weg Richtung Vassbygd nach links. Das Ufer des **Aurdalsvatnet** kommt nun näher, der Pfad steigt dorthin ein paar Meter ab. Vorbei an einem Ferienhaus geht es im Bogen um das Seeufer, durch Wacholder und Birken auf die Gebäude von Vikjanes zu, die allerdings jenseits des Seeabflusses an der dort verlaufenden Straße liegen. Der Wanderweg bleibt am Seeende diesseits und steigt bald sanft über locker bewaldete Felskuppen an. Nach einer Weile öffnet sich der Blick voraus auf den nächsten See, Nesbøvatnet, der langgezogen zwischen steilen Hängen den Talboden ausfüllt. Der Hof Nesbø liegt einsam an seinem rechten Ufer, darüber kommt aus der steilen Kerbe Gravadalen ein Bach heruntergerauscht, und die Straße auf dem anderen Ufer des Sees verschwindet in einem Tunnel.

In Serpentinen geht es zum See hinunter; allerdings scheint es hier nicht weiterzugehen, da er nach rechts von einer senkrechten Felswand begrenzt wird, Nesbøgalden. Hier wurde der Weg jedoch etliche Meter über der Wasseroberfläche in den Fels gesprengt; unter felsigem Überhang führt er sicher an diesem Hindernis vorbei. Auf einer Planke

Rundwanderung durch das Aurlandsdalen

überquert man den Seitenbach aus dem Gravadalen – ein Schild weist dorthin eine weitere Wanderroute aus –, dann ist der Hof **Nesbø** durch üppiges Wiesenland erreicht (45 Min.). Das grüne Seeufer und das glasklare Wasser laden bei schönem Wetter zu einer ersten Rast ein. Ein kleiner Stabbur neben dem moderneren Wohnhaus von Nesbø zeugt von der Vergangenheit des Hofplatzes, der schon im 17. Jh. bewohnt war. Eine Informationstafel erzählt seine Geschichte, und man erfährt, dass Nesbø um 1845 15 Bewohner hatte und einen Viehbestand von 37 Kühen nebst Schafen und Ziegen. Seit Beginn des 20. Jh. wird der Hof, wie so viele andere im unwegsamen Aurlandsdalen, nicht mehr bewirtschaftet und dient den heutigen Besitzern als Freizeitdomizil. Nur einige Schafe haben noch ihre Sommerweide hier, und oft durchdringt kein anderes Geräusch die friedliche Stille als das leise Gebimmel ihrer Glocken. Vielleicht begegnet man den Weidetieren auch auf dem nächsten Wegstück, das weiter am See entlang bis zu seinem Abfluss mit einer Fußgängerbrücke führt.

Geradeaus weiter ist die **Weggabelung** erreicht (1 Std.), an der man dem rechten Abzweig hangaufwärts folgt, dem **Bjørnstigen**. Später wird man an dieser Stelle im Tal zurückkommen und die Runde hier schließen. Zunächst geht es gemäßigt aufwärts und durch eine üppige, blumenreiche Krautschicht unter lichtem Birkenbewuchs, der immer wieder herrliche Ausblicke auf Schluchtwände und schroffe Berghänge freigibt, die in weiterer Entfernung von sommerlichen Restschneefeldern gesprenkelt sind.

Der Seitenbach **Teigsgrovi** wird auf Steinen gequert, die Grundmauer eines alten Schafstalls passiert. Jenseits des Flusstals öffnet sich eine kleine Hochfläche, auf der der Lomatjørn schimmert. Nun wird auch diesseits eine ebenere Fläche am Hang unterhalb erkennbar, der ehemalige Hof **Holmen** kommt in Sicht. Dorthin wendet die Wanderung sich nun leicht abwärts und erreicht die Hofgebäude inmitten einer Wiese nach 1.45 Std. Ein Wegweiser informiert darüber, dass hier eine alte Route hinunter nach Heimrebø führt, doch bleibt man auf dem deutlicher ausgetretenen Hauptweg Bjørnstigen, der dem Hang weiter über die Wiese und zu einem sanften Querrücken folgt. Ein Sendemast ragt dort links der Route auf.

Wieder führt der Weg zwischen Birken und Wacholder dahin, bevor man über felsiges Terrain, mit niedrigen Heidesträuchern bestanden, auf einen voraus aufragenden markanten Pfosten zuhält. Dort bietet sich eine grandiose Aussicht über den weiteren Talverlauf. Steil schneidet das Aurlandsdalen auf weite Strecke als mächtige Schlucht in die Felshänge, aus denen so mancher Klotz den Weg in den engen Talboden genommen hat. Der Abstieg von

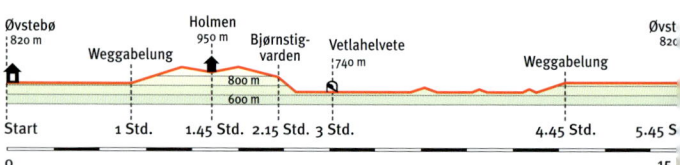

Rundwanderung durch das Aurlandsdalen

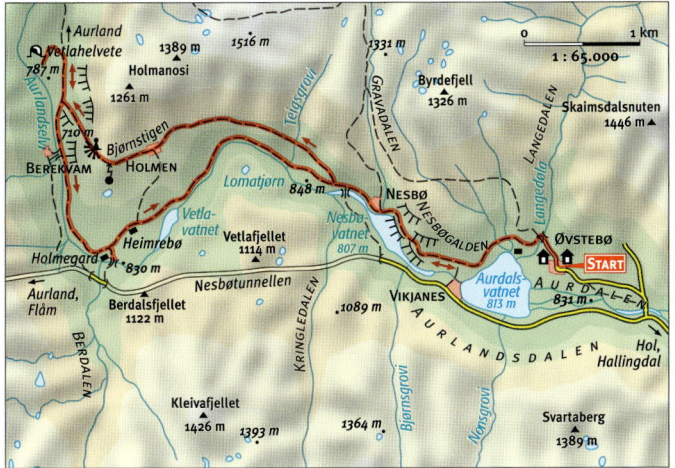

hier scheint ins Ungewisse zu gehen, denn auch direkt zu Füßen des Pfostens fällt das felsige Terrain steil ab. Unglaublich, dass man hier absteigen soll! Doch leitet der Pfad sicher hinab. Zunächst wendet er sich einer kleinen Kerbe zur Rechten zu, die bald tiefer einschneidet und in der es in engen Kurven abwärts geht. Ein Stück darunter ist eine kurze Geröllpassage zu überwinden, dann steht man nach etwa 2.15 Std. am Steinmann **Bjørnstigvarden**, einem weiteren spektakulären Aussichtspunkt. Ein Bild des Malers Johannes Flintoe (1786–1870), der hier 1819 durch-reiste, machte diese Ansicht mit dem Bjørnstigvarden in Norwegen berühmt; das Werk hängt in der Nationalgalerie in Oslo.

Hat man sich von diesem Anblick losgerissen, geht es wieder etwas rechts zu der Kerbe – auf dem glatten Felsboden ist die Spur auf den ersten Metern schwer zu finden. Von unterhalb wird deutlich, dass der berühmte Steinmann auf einem senkrecht abfallenden Felsvorsprung steht. Kurz darauf folgt ein nächstes Steilstück auf dem Abstieg ins Tal; es ist treppenartig angelegt und mit seitlicher Seilsicherung versehen worden. So kommt man zwar etwas mühsam, aber gefahrlos hinunter.

Am Fuß einer hohen Felswand angelangt, geht es die bewaldeten Schotterhänge weiter abwärts, und ein paar Minuten später ist an einer Weggabelung (Schild) die Talroute erreicht, auf der der Rückweg verlaufen soll. Doch bevor man sich an dieser Stelle nach links wendet, lohnt sich ein kurzer **Abstecher nach rechts,** vorbei an dunklen, stillen Tümpeln zwischen riesigen Felstrümmern, zum beschilderten **Abzweig zur Vetlahelvete,** den man nach knapp 2.45 Std. erreicht. Nach links gelangt man auf ihm durch ein kleines Moorstück am Fuß eines mächtigen Felsens zu der darin gelegenen **Höhle** (3 Std.). Ein Tümpel füllt ihren Boden, glatte Wände wachsen oben zur schmalen Kluft zusammen. Ein paar von dort einfallende Lichtstrahlen beleuchten gedämpft das Innere.

Zurück an der Gabelung, bleibt man auf dem rechten Abzweig im Tal. Auch dieser Weg ist markiert und immer deutlich zu finden. Er nähert sich gleich dem Aurlandselvi, der tief unten kräftig und laut vernehmbar dahinrauscht. Nach einigen Minuten weist ein Schild auf die kleine Quelle Bergvassbrennevinet hin, deren konstant etwa 2 Grad kaltes Wasser zwischen den Felsen hervorquillt. Immer wieder bieten sich Ausblicke über die bewaldeten Schluchtränder zum Fluss hinunter und bald auch hinüber auf eine sanfter geneigte Grünfläche am jenseitigen Hang. Eine Hütte steht dort auf dem ehemaligen Hofplatz **Berekvam,** der über eine schmale Hängebrücke erreichbar ist. Man sieht sie nach 3.15 Std. unterhalb liegen, während der Weg sich in einem ziemlich frischen Hangrutsch aufwärts schwingt, um das Geröll dann oberhalb zu umgehen. Auch das Flussbett ist hier von den Gesteinsmassen nahezu verschüttet und das Wasser regelrecht aufgestaut worden. Bald führt der Pfad wieder ebener am bewaldeten Hang entlang, vorbei an mehreren Seitenbächen, die jenseits zum Haupttal herabstürzen, dann um eine Felsnase und ein kurzes Stück weg vom Fluss. Nach 3.30 Std. weist ein Schild am Wege auf den alten Hof **Holmegard** hin. Daneben zeigt ein unscheinbarer Pfeil den kurzen, lohnenden Abstecher zu einer Hängebrücke *(bru)* nach rechts an. Die Brücke überspannt die Schlucht nahe einem schönen Wasserfall, und sie zu überqueren ist eine recht schwankende Angelegenheit, weshalb ein Schild Wanderern empfiehlt, sie nur einzeln zu betreten. Wir aber brauchen sie gar nicht zu benutzen, sondern kehren zum Hauptweg zurück.

Leicht ansteigend führt die Route bald durch ein paralleles Seitental, um erst dort wieder auf den Aurlands-elvi zu treffen, wo voraus der langgestreckte **Vetlavatnet** auftaucht. Der See liegt von Steilwänden eingerahmt da, im dunkelblauen Wasser fällt ein hellgrünes, flaches Inselchen als schöner Kontrapunkt auf. Hoch oben um einen felsigen Vorsprung umrundet man das Seeende, dann kommen sich Fluss und Weg in einem klammartigen Abschnitt des Aurlandsdalen wieder näher. Die haushohen Felsbrocken, zwischen denen der Fluss sich reißend hindurchzwängt, bieten einen spektakulären Rastplatz und nach langer Zeit wieder die Möglichkeit zum Auffüllen der Wasserflasche. Noch ein Stück weiter ist der Aurlandselvi erneut in einer breiten Felsrinne zum tiefen, ruhigen Teich gestaut, und in dem flaschengrünen, klaren Wasser kann man Forellen entdecken. Der Weg zwängt sich hoch oben an das steile Ufer des Holmaberget und ist auf eine kurze Strecke in den Felsen gesprengt.

Dann wird das Tal weiter, Wiesengelände mit einem kleinen Bachlauf wird gequert, idyllische Rastmöglichkeiten gibt es im Überfluss. Nach knapp 5 Std. ist die Runde an der **Weggabelung** mit dem Bjørnstigen geschlossen. Auf der vom Hinweg bekannten Strecke über Nesbø, durch die spannende Steilwand und am Aurdalsvatnet vorbei gelangt man nach 5.45 Std. zum Ausgangspunkt bei **Øvstebø** zurück.

Variante

Vom Abzweig zur Vetlahelvete lässt sich auch die beliebte sechsstündige Streckenwanderung weiter durch

Rundwanderung durch das Aurlandsdalen

Im Aurlandsdalen

das Aurlandsdalen bis Belle unternehmen (Busverbindung siehe Tour 28, S. 126).

Der Pfad führt bald entlang spektakulärer Felshänge kräftig bergab, erreicht im Talboden dann den Steindamm Stormuren und trifft bei der Brücke über den Bridlefossen auf die Tour 28, der man in umgekehrter Richtung nach Belle folgt.

Alte Seter vor steilen Hängen

Vom Aurlandsdalen ins Stonndalen

Auch im unteren Abschnitt ist das Aurlandsdalen spektakulär. Der Saumpfad windet sich an Almhöfen, Steilhängen und Schluchten vorbei, dann geht es über die Bergflanken ins Nachbartal, wo ein alter Fahrweg eine bequeme Rückkehr zum Ausgangspunkt ermöglicht.

DIE WANDERUNG IN KÜRZE

Anspruch: ++

Gehzeit: 5.30 Std.

An-/Abstiege: 1150 m

Charakter: Mittelschwere Wanderung auf durchgehend markierten und größtenteils deutlich erkennbaren Pfaden. Wegen der Länge und der Höhenmeter ist einige Ausdauer erforderlich.

Wanderkarte: TK 1 : 50 000, Blatt 1416 I, Aurlandsdalen

Einkehrmöglichkeit: Keine

Anfahrt: Nach Aurland wie bei Tour 27 beschrieben; im Ortsteil Vassbygdi, noch vor dem Vassbygdi-Tunnel gelegen, zweigt eine Straße mit Beschilderung Aurlandsdalen im spitzen Winkel nach rechts taleinwärts von der Nr. 50 ab und erreicht 1 km weiter in Belle einen Parkplatz mit Kiosk und Bushaltestelle (Verbindung nach Øvstebø, siehe Tour 27).

Vom **Parkplatz bei Vassbygdi** führt die Asphaltstraße noch ein kurzes Stück weiter, vorbei an einer letzten Häusergruppe und zu einer Brücke, über die man später zurückkommen wird. Geradeaus geht es auf nun schotterigem Wirtschaftsweg ins Aurlandsdalen hinein, vorbei an kleinen Weideflächen; dann verwandelt der Weg sich in einen Fußpfad und lässt das heutige Kulturland bald hinter sich. Durch felsübersätes Grasland und unter üppig wachsendem Laubwald windet er sich neben dem Fluss Aurlandselvi dahin, der durch die Felstrümmer zu immer neuen Stromschnellen und Kaskaden gezwungen ist. Man durchquert ein Gatter und schließt es wieder; am jenseitigen Ufer ist noch ein alter

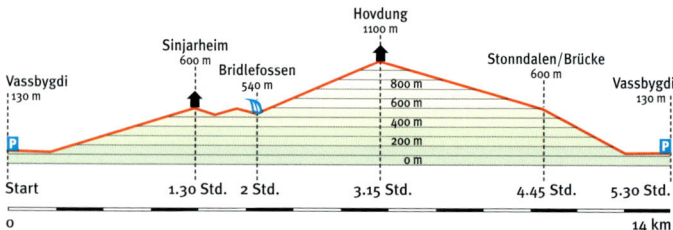

Vom Aurlandsdalen ins Stonndalen

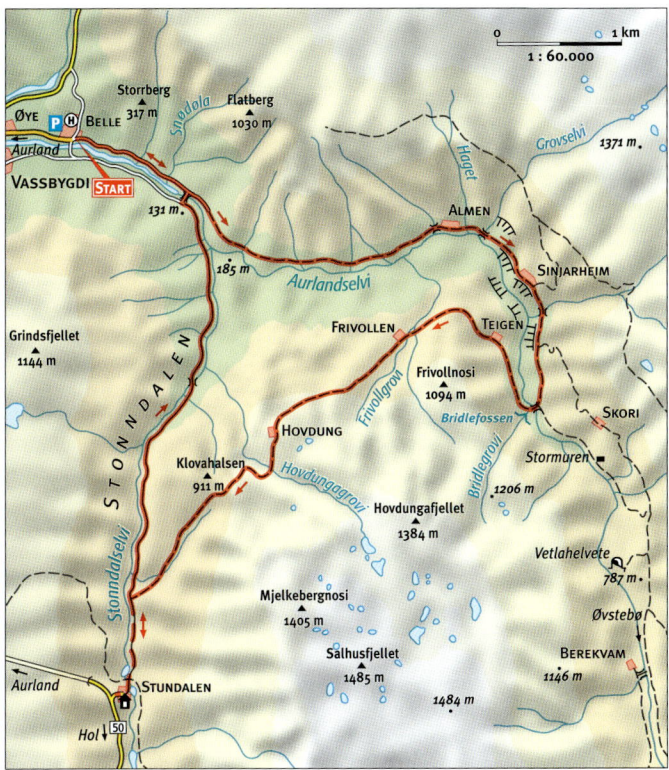

Fahrweg zu sehen, der mit dem hier abzweigenden Stonndalen bald außer Sichtweite gerät. Ein zweites Gatter folgt, der Pfad steigt nun deutlicher an. Nach kurzer Zeit führt er schon hoch über dem Flussbett dahin, ein Stück durch Wald, dann wieder über Geröll. Dort ist die Aussicht über die steilen Hänge durch nichts verstellt. Ein Seitenbach wird auf ein paar Steinen überquert, ein weiterer Hangrutsch auf bequem angelegtem Weg überwunden, dann kommt voraus eine Brücke in Sicht und gleich darauf der Seter **Almen,** dessen kleine Gebäude sich unter einen mächtigen Felsklotz ducken (1 Std.). Heute wohnen hier nur noch Schafe, die in einer der Hütten ihren Unterstand haben. Die Route hält auf den Seitenbach **Grovselvi** zu, der in hohem Fall durch eine Kerbe in der Steilwand herunterstürzt. Das Haupttal verengt sich voraus endgültig zur Schlucht, in der es kein Weiterkommen gibt. Ein flacher Absatz oberhalb der Klamm ist deshalb das nächste Etappenziel; dort ist schon der zweite Seter auszumachen, Sinjarheim. Über eine Brücke und jenseits des Grovselvi kräftig aufsteigend, erreicht man ein waagerechtes Felsband, über das der Weg gefahrlos die Steilwand durchquert. Dies ist eine der Stellen, die bis ins 19. Jh. hinein nur mit Leitern und Stricken zu überwinden waren. Erst 1863 wurde der jetzige Weg in den Felsen gesprengt. Ein Gatter begrenzt ihn heute, denn sonst könnten Weidetiere ohne weiteres zu den abgeschiedenen Almhöfen jenseits gelangen. Mit Blick auf das wilde Tal unterhalb und das oberhalb der Steilhänge gelegene Gehöft geht es nun wieder in gut angelegten Serpentinen zum Absatz auf etwa 600 m hinauf, und nach 1.30 Std. sind die Hofgebäude von **Sinjarheim** erreicht. Wer im Juli herkommt, wird vielleicht Rauch aus dem Schornstein der großen, hölzernen Stube aufsteigen sehen und Ziegen entdecken, die den Hang rings um das auf Feldsteinmauern errichtete Stallgebäude belagern. Dann nämlich üben Studenten der Landwirtschaftsschule von Sogne hier reihum in kleinen Gruppen das Wirtschaften auf einer Alm; Besucher sind willkommen.

Sinjarheim war vermutlich der erste und erwiesenermaßen der letzte besiedelte Platz im unteren Aurlandsdalen. Man nimmt hier schon für die Wikingerzeit einen Hof an, der bis zur Pestepidemie im 15. Jh. bestand, dann verfiel, aber im 16. Jh. wieder aufgebaut wurde. Bis 1920 lebten hier ganzjährig Menschen, danach bis in die 60er Jahre nur noch im Sommer. Heute erhält ein Verein aus Bergen den Hof als Kulturdenkmal einer vergangenen Epoche, die von den Sommeraktivitäten der Studenten ein bisschen wiederbelebt wird.

Hinter Sinjarheim führt der Pfad wieder ein Stück recht steil und felsig bergab. Unten weitet die Schlucht sich zum steilen V-Tal. Gegenüber am Hang sind schon die Hütten des nächsten Seters zu erkennen, diesseits stürzt ein Wasserfall zum Haupttal hinab und wird auf einer Plankenbrücke überquert. Der Weg steigt wieder an, und bevor er sich zwischen Felsbuckeln hindurchschlängelt, lohnt sich ein Blick zurück, denn der Almhof könnte kaum malerischer vor der schroffen Bergkulisse liegen.

Durch üppige Vegetation gelangt man zum Abzweig nach Teigen und Stonndalen und auf diesem nach rechts zur unterhalb liegenden Brücke über den **Bridlefossen** (2 Std.), in dem der Fluss in eine sehenswerte Klamm abstürzt. Die Wanderung verlässt an dieser Stelle also die Hauptroute, die talaufwärts weiterführt und in die Tour 27 mündet. Sollte also auf der bisherigen Strecke Betrieb geherrscht haben, so nimmt dieser nun garantiert ab.

Über die Brücke hinweg führt die neue, ebenfalls markierte Route nun im Bogen halbrechts zurück und hangaufwärts auf den Hof Teigen zu, dessen zwei Gebäude schon von gegenüber zu sehen waren. Bald liegt Sinjarheim jenseits des Flusses schon unterhalb des Weges. Schaut man zurück, wirkt die Brücke mit zunehmender Entfernung immer abenteuerlicher, denn die Klamm ist nun in ganzer Ausdehnung zu überblicken. Durch üppige Blumenwiesen steigt der Pfad zum Almgelände an, das sich mit versprengten Kulturfolgern wie Vogelmiere, Löwenzahn, Sauerampfer oder Brennnessel ankündigt. Schon ein Stück vor den Häusern weisen ein Steinmann und das rote Wander-T nach links; diese Stelle sollte man sich merken, bevor man einen Abstecher zum Hof **Teigen** macht (2.15 Std.). Er steht unter derselben Verwaltung wie Sinjarheim; ein Blick ins dunkle Innere des Wohnhauses ist möglich.

Vom Aurlandsdalen ins Stonndalen

Von besagtem Steinmann wendet der Weg sich in deutlichem Linksbogen auf begrüntem Gelände in zahlreichen Kehren bergan. Bald versinkt man auf dem steilen Anstieg fast zwischen schulterhohem Farn und Gestrüpp. Allmählich nimmt der Neigungswinkel ab, der Baumbestand zu, hoch oberhalb von Teigen geht es nun im weiten Bogen um den Fuß der Felsnase Frivollnosi herum. Das Aurlandsdalen bleibt zurück, nach rechts ist bald sein Ausgang bei Vassbygdi zu überblicken. Ein Abzweig nach rechts wird passiert, geradeaus geht es zwischen Birkenwald und Moorwiese entlang, in kurzen Abständen über drei schmale Bäche, dann liegt oberhalb mit **Frivollen** der nächste verlassene Hof-

Im Aurlandsdalen

Vom Aurlandsdalen ins Stonndalen

platz. Gleich jenseits des letzten Wasserlaufs wendet der Pfad sich etwas undeutlich markiert an ihm entlang aufwärts zum oberen Haus, an dem ein Pfeil die Richtung bekräftigt (2.45 Std.). Auf weiten Hängen mit großartigem Ausblick über das Tal geht es mäßig weiter bergauf, durch teils felsiges, teils buschig bewachsenes Gelände. Hier muss man sich etwas auf den Wegverlauf konzentrieren, da die roten Markierungen recht spärlich sind. Die Felshänge des gut 1000 m hohen Frivollnosi laufen links aus. Nach rechts ist über weite, moorige Wiesen der Talboden schon einzusehen und darin die Siedlung Vassbygdi. Steinmänner markieren im letzten Anstieg zur Alm **Hovdung** die Route, und bei den Hofgebäuden ist mit knapp 1100 m der höchste Punkt der Wanderung nach 3.15 Std. erreicht. Nur noch wenige Meter führen die Markierungen jenseits der Hütten den Grashang hoch. Es geht durch das alte Kulturland, über den Bach Hovdungagrovi und durch eine Öffnung zwischen den Feldmauern; dahinter sofort bergab. Der rauschende Bach bleibt noch eine Weile in Sichtweite. Dann wendet der Pfad sich deutlich nach links und von den beginnenden Steilhängen weg, über die der Wasserlauf in schönen Kaskaden springt. Mit Blick ins Stonndalen wandert man weiter und behält diese Richtung mehr oder weniger im gesamten weiteren Abstieg bei. Bald kommt ein Rinnsal in Sicht und begleitet den Weg nun längere Zeit. Auch oberhalb wird der Hang schroffer, doch die Route leitet auf mäßig geneigtem Gelände problemlos zu Tal. Dort tauchen die Straße Nr. 50 und der daran gelegene Hof Stundalen auf. Wenn der Baumbewuchs beginnt, muss man wieder die Augen nach der Spur offenhalten, ab und zu verzweigt sie sich, und manchmal hilft nur ausprobieren, welche weiterführt. Bei einem kleinen Wasserfall führt der Pfad in das Bachtal hinein, wenig später wird der Wasserlauf gequert, und die roten Markierungen weisen in dichtes Unterholz aus Gräsern und Farnen hinein. Hier ist Vorsicht geboten, denn unter der nur undeutlich ausgetretenen Spur verbergen sich Steine. Die nächsten Minuten sind deshalb etwas mühsam, doch bald hat man wieder trockenes Heide- und Beerengesträuch unter den Füßen und auch eine deutlichere Spur.

Sie trifft kurz darauf den ehemaligen **Fahrweg** im Stonndalen (4.15 Std.), dem man nach rechts talabwärts folgt. Der Zahn der Zeit hat in dem steilen Stück deutlich an dieser ersten befahrbaren Straße nach Aurland genagt. Mächtige Bergstürze ziehen sich diesseits zum Talboden herunter und zwängen das Flussbett ein, das jenseits von dunkel ansteigenden Wänden begrenzt wird. Die Fahrspur wird besser, in grasigen Serpentinen leitet sie als ebenmäßiges, grünliches Band durch den grauen Felsschotter. Immer wieder ziehen glatte Wände die Blicke auf sich, bildet der Fluss schöne Kaskaden. Nach 4.45 Std. überquert der Weg ihn auf einer **Brücke,** bald darauf kommt links ein Wasserfall in Sicht. Dann führt die Spur in Wald hinein, erreicht bei einer grasigen Ebene den Zusammenfluss von Stonndals- und Aurlandselvi und biegt wieder ins Aurlandsdalen ein. Vorbei an Weideland gelangt man zu der vom Hinweg bekannten Brücke, zur Asphaltstraße und gleich darauf nach 5.30 Std. wieder zu dem **Parkplatz** am Ausgangspunkt der Wanderung.

Über den Dächern von Bergen

Vom Fløyen zum Ulriken

Der wechselnde Ausblick auf die Stadt, die Buchten und die inselreiche Fjordregion einerseits, auf seenreiche Täler und felsige Fjellregionen andererseits macht den Reiz dieser Streckenwanderung oberhalb Bergens aus.

DIE WANDERUNG IN KÜRZE

Anspruch: +

Gehzeit: 4 Std.

Länge: 11 km

Charakter: Einfache Wanderung über hügeliges Fjell, teils auf breiten Spazierwegen, meist auf guten Wanderpfaden. Obwohl gut ausgeschildert, erfordert die Tour wegen des verzweigten Routennetzes etwas Aufmerksamkeit.

Wanderkarte: Turkart 1 : 25 000 Bergen; nützlich (und ausreichend) ist das Faltblatt »Turkart over Byfjellene nord-øst«

Einkehrmöglichkeiten: Brushytten (nur So. bis 15 Uhr), Turnerhytten (Sa. und So. bis 15 Uhr); Cafeterien an den Bergstationen Fløyen und Ulriken.

Anfahrt: Die Zufahrt nach Bergen mit dem Kfz ist mautpflichtig, das Parken im Citybereich problematisch; einzige zentrale Langzeitparkmöglichkeit für Pkw: Bygarasjen nahe dem Bahnhof. Die beste Möglichkeit besteht darin, am Endpunkt der Wanderung, der Talstation der Ulriken-Seilbahn, zu parken und vor statt nach der Wanderung den halbstündlich verkehrenden Bus ins Zentrum zu nehmen (15. 5.–15. 9., 9–21 Uhr). Die weitere Anfahrt erfolgt mit der Bergbahn »Fløibanen Funicular«, die ganz in der Nähe des Fischmarktes beginnt; Rückfahrt mit der Ulrikenbahn (Ulriksbanen).

Mit der Fløibahn gelangt man zu einem **Aussichtspunkt** auf 320 m Höhe, wo die Wanderung beginnt. Vor dem Start wird man aber sicher die Aussicht über die Stadt am buchtenreichen Byfjorden genießen wollen, derentwegen die meisten Fahrgäste mit der Zahnradbahn hier heraufkommen. Vorbei am langgestreckten Gebäude mit den Souvenirläden geht es auf einem breiten Spazierweg gleich zu einem ersten Schilderbaum, der nach links zur Brushytten, nach Vidden und dem Rundemanen weist. Dorthin wendet man sich und spaziert zunächst durch bewaldetes Gelände, gleich zum nächsten Wegweiser und an diesem nach rechts Richtung Brushytten. In Serpentinen steigt der Weg durch üppigen Nadelwald an, vorbei an weiteren Abzweigen. An ei-

Vom Fløyen zum Ulriken

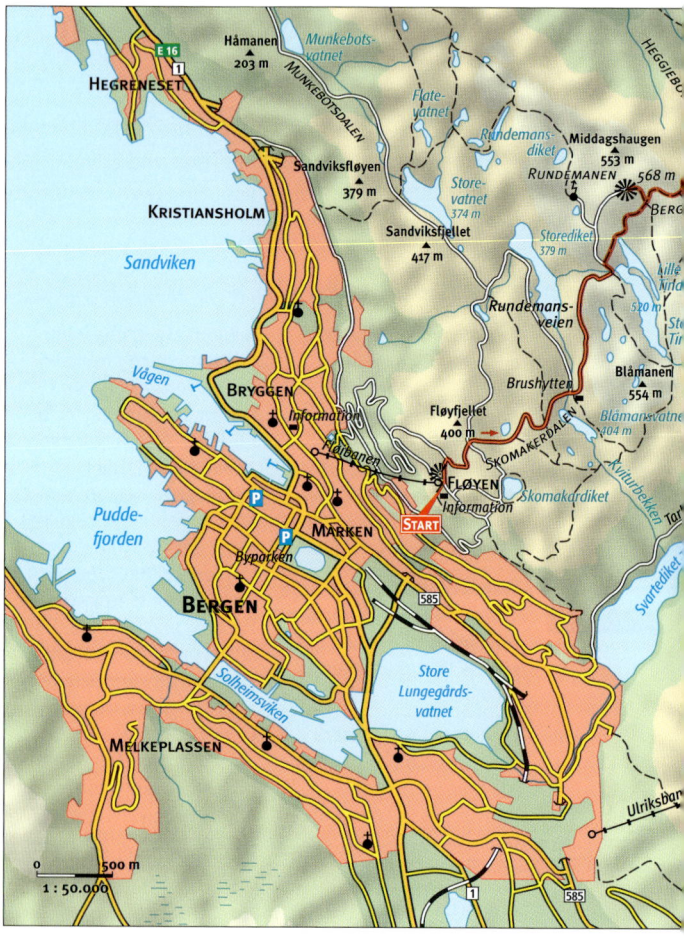

nem rechts zur Fjellhytten führenden lohnt sich der Ausblick auf die Stadt, und geradeaus weiter erreicht man kurz darauf den (nur sonntags geöffneten) Kiosk **Brushytten,** idyllisch am Rande einer moorigen Lichtung in Sichtweite des Blåmansvatnet gelegen. Voraus erhebt sich steil der Namenspatron selbst, der Blåmanen, gute 150 m aus der bewaldeten Umgebung. Nach halblinks ist sein Nachbar Rundemanen ebenso wie

Vikinghytten und Vidden ausgeschildert; dorthin geht es nun auf kurzfristig asphaltiertem ehemaligem Fahrweg. Er führt bald zügig am Hang hinauf, wobei sich die Aussicht auf den links unterhalb gelegenen See Storediket und dahinter über die Meeresbucht Sandviken öffnet. Dann schwenkt der Weg rechts in die Passsenke zwischen den Bergkuppen ein und quert beim **Tindevatnet** den kleinen Bachlauf, der von dort

Vom Fløyen zum Ulriken

zum Storediket hinabfließt. Durch die hübsch bewachsene Talsenke blickt man wieder bis zur Stadt hinunter. Es geht ein kurzes Stück weiter in Richtung auf den Rundemanen zu – erkennbar an dem hohen Sendemast auf seiner Kuppe –, dann zeigt ein neuer Wegweiser nach rechts die Route Richtung Vikinghytten und Svartediket an (45 Min.). Dorthin geht es, zunächst auf breiter Spur, vorbei an einem undefinierbaren Betonbau und einer Tafel mit Informationen über die Wanderwege, dann erneut in einer feuchten Senke am Tindevatnet vorbei. Die Spur wird rauer, bis eine weitere von links oberhalb hinzutrifft. Bevor man nach halbrechts weiter am **Rundemanen** entlang wandert, lohnt sich der kurze Abstecher nach links zu seinem Gipfel. Dort blickt man aus 568 m Höhe besonders weit über das umliegende Fjell.

Auf der Hauptroute wird die Beschilderung lückenhaft, doch wandert man unbeirrt weiter nach Osten, weg von der Stadt am Fjord. Kaum ist die Kuppe mit dem Sendemast links zurückgeblieben, kommt voraus ein neues Panorama in Sicht: Zwei Täler beginnen links und rechts des flachen Sattels Heggjebotsskaret, zu dem sich geradeaus das Gelände absenkt, um dahinter zum breiten Fjellrücken Vidden wieder anzusteigen. Der kleine Svarthamartjørna liegt rechts etwas unterhalb und wird auf der karrenbreiten Wegspur hinunter zum Sattel **Heggjebotsskaret** passiert. Dort weist nach 1.15 Std. ein nächstes Hinweisschild schon das Wanderziel Ulriken aus. Über den hügeligen, licht bewaldeten Sattel hinweg führt der Wanderweg vorbei an ein paar verstreut liegenden Hütten, zunächst mit Ausblick nach rechts auf den fast kreisrunden Stausee Tarlebøvatnet in schön bewaldeter, tiefer Talmulde, wenig später nach links durch das Jordalen hinunter auf den Fjord.

Hier oben am Jordalsskaret schwenkt der Weg nach halbrechts ein; vorbei an zwei Abzweigen hält man sich weiter Richtung Ulriken und Vidden und gelangt am Rand einer sumpfigen Mulde zum **Øvre Jordalsvatnet,** der an seinem rechten Ufer passiert wird. Über den See hinweg erkennt man oben auf dem jenseitigen Sattel zwei Hütten. Am Seeabfluss öffnet sich der Blick wieder zum Tarlebøvatnet, zu dem der Bach von hier durch eine schroffe Kerbe fast 100 m hinabfließt. Ungefähr ebenso weit geht es voraus hinauf, und so steht nun nach 1.45 Std. ein kurzer Anstieg auf dem breiten Grat zum **Trappefjellet** bevor. Auf knapp 600 Höhenmeter angelangt (2 Std.), wandert man wieder durch flacheres Gelände. Klotzige Steinmänner markieren nun die Route über den aussichtsreichen Fjellrücken. Immer wieder gibt eines der verästelten Täler, die auf der folgenden Strecke noch umrundet werden, den Blick auf die weit unterhalb gelegene Stadt frei. Mehrmals werden Abzweige zu anderen Wanderzielen dieses Naherholungsgebiets der Bergenser passiert, und an sonnigen Wochenenden wird man auch einer beträchtlichen Anzahl der Einwohner hier oben begegnen.

Nach einer Weile taucht rechts hinter schroffen Hängen der große Stausee Svartediket unterhalb auf, dann blickt man nach links hinunter ins Langedalen. Der Fjellrücken verengt sich zum **Borgaskaret.** Nach 2.45 Std. windet sich der Pfad in diese Passkerbe hinunter, vorbei an beschilderten Abzweigen in die beiden Täler Langedalen und Hardbakkadalen, und jenseits wieder zur weiten Vidde hinauf.

Mit Aussicht auf den halbrechts voraus aufragenden Sendemast des Ulriken wandert man einige Zeit über das rundkuppige Felsterrain, das nur noch wenig ansteigt. Der 640 m hohe **Storhaugen** ist durch einen Gipfelsteinmann rechts der Wanderroute markiert, doch fällt er als höchster Punkt auf dem breiten, fast ebenso hohen Bergrücken kaum auf. Entsprechend weit ist hier die Aussicht, voraus über die sanft abfallende Hochebene fast ins Nichts. Nur halblinks überragt der Vardehaugen noch ein paar Meter das Gelände. Nach 3.15 Std. kommt rechts das Isdalen in Sicht, das letzte der Täler, die von Bergen aus das Fjell einkerben. Über den Svartediket hinweg fällt der Blick direkt auf das Stadtzentrum rings um die schmale Bucht Vågen, und sogar der Springbrunnen im Stadtpark ist von hier eindeutig auszumachen.

Oberhalb des Talendes geht es durch die moorige Senke **Smedmyra**, wo ein Schild in der bisherigen Laufrichtung weiter zum Ulriken weist. Ein kurzes Stück weiter folgt nach 3.30 Std. bei einer **Gabelung** das nächste: Nach links führt ein Abzweig zur nahe gelegenen Turnerhytten, die sich an Wochenenden für eine Rast eignet. Allerdings ist geradeaus auch nicht mehr allzu weit bis zum Endpunkt der Wanderung. Der Weg schwenkt dorthin deutlich nach rechts herum. Durch

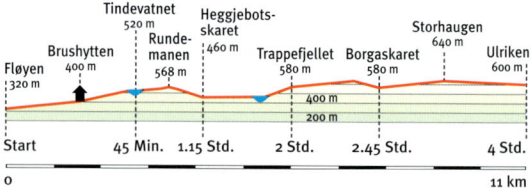

Vom Fløyen zum Ulriken

Im Wandergebiet von Bergen

seengesprenkeltes, kleingliedriges Gelände, in dem vereinzelt Hütten stehen, hält man auf den Sendemast zu. Auch der auf dem Rundemanen ist über die Vidden und die Täler gut in der Ferne auszumachen.

Nach 4 Std. ist die **Bergstation der Ulriken-Seilbahn** erreicht. Von dort lässt sich aus 600 m Höhe noch einmal der Wanderverlauf nachvollziehen und der Blick über die Stadt genießen.

Bergens Hinterland bei Dale

Vom Bergsdalen nach Høgabu

Über gleichmäßig geneigte Hänge führt die familienfreundliche Wanderroute von der bewaldeten Talregion zu den kargen Kuppen des Fjells hinauf. Großartige Ausblicke über das Bergsdalen und die mit Seen gesprenkelte Felsenlandschaft begleiten den Weg.

DIE WANDERUNG IN KÜRZE

Anspruch: +

Gehzeit: 4 Std.

Länge: 9 km

Charakter: Einfache Wanderung mit mäßigen Anstiegen auf gut markierter Route. Auf Felsuntergrund undeutliche Spur.

Wanderkarte: Turkart 1 : 50 000 Kvamskogen og Bergsdalen

Einkehrmöglichkeit: Selbstbedienungshütte Høgabu, Tagesaufenthalt 30 NOK. Solche Hütten werden von den Wandervereinen eingerichtet und unterhalten. Für den Aufenthalt, für verbrauchte Vorräte und Brennholz zahlen die Benutzer eigenständig, Umschläge liegen bereit, im Hüttenbuch trägt man seinen Namen ein. Natürlich funktioniert das System nur auf der Basis der Freiwilligkeit, leider nicht überall, wie etliche mit dem DNT-Universalschlüssel verschlossene Unterkünfte an Hauptwanderrouten beweisen.

Anfahrt: Von der E 16 biegt man am Schild Dale/Bergdalen nach Dale ab, fährt geradeaus in den Ort und rechts von der weißen Kirche noch im Ort durch einen Tunnel (Schilder einer Fahrradstrecke nach Voss). Dann geht es ca. 10 km (bis hinter Brekka) auf spektakulärer Bergstrecke bis zu einer Brücke bei Li rechts über den Fluss. Wer an einer kleinen neuen Kirche vorbeikommt, ist ca. 500 m zu weit gefahren. Schon an der Brücke findet sich ein erster Hinweis nach Høgabu.

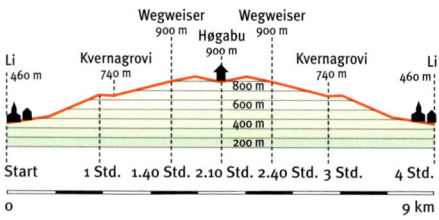

Vom Bergsdalen nach Høgabu

In **Li** überquert man den rechts der Straße fließenden Bergsdalselva. Jenseits führt ein Wirtschaftsweg geradeaus auf die sanft ansteigenden Hänge zu. Abzweige zu einem rechts gelegenen Ferienhaus und einem Hof nach links werden passiert, durch Kulturland geht es zu einem Gatter, an dem ein Hinweisschild und ein rotes Markierungs-T auf den Wanderweg nach Høgabu aufmerksam machen. Der Weg führt an einem Bachlauf entlang zu einem letzten Haus und folgt nun dem Bach weiter aufwärts in das liebliche kleine Kerbtal **Kroksgjeli**. Eine dichte Strauchschicht mit Beeren und Farnen überzieht den Boden der licht mit Birkenwald bestandenen Talkerbe. Der Pfad verläuft mal links, mal rechts des schmalen Wasserlaufs, doch geht es tendenziell eher nach rechts, wo der deutliche Pfad nach etwa 15 Min. den üppig bewachsenen Hang recht steil hinaufführt.

Bald ist ein Rücken erreicht, auf dem der erste Anstieg sanfter wird, durch Heide und Wacholdergebüsch zieht sich die Spur zum Teil als felsiges Band dahin. Nach rechts blickt man nun schon weit über das Bergsdalen mit seinem von Wald umrahmten Kulturland. Ein mächtiger **Steinmann,** wohl 2 m hoch, markiert den Weg; weitere folgen, während sich rechts ein Seitental mit dem Bach Kvernagrovi hangaufwärts zunehmend verengt. Bald führt die Route von diesem Ausblick etwas nach links weg, und voraus kommen die Bergklötze von Kvanngrøfjellet und Gråfjellet in Sicht, zwischen denen der Pass Stora Skardet schroff einschneidet. Der Weg hält nun zwar direkt auf diese Scharte zu, wird jedoch nicht dort hindurchführen. Aber zunächst geht es ein paar Meter wieder abwärts und über ein von

links in hübschen Kaskaden herabfließendes Rinnsal hinweg, in dessen näherer Umgebung noch einmal üppiger Bewuchs das Auge erfreut, das sich nun bald auf kargere Anblicke einstellen muss.

Wieder etwas bergauf erreicht man nach gut 1 Std. unterhalb des Stora Skardet den Bach **Kvernagrovi** und einen sehr markanten Felsklotz, den er umfließt. Weiteres Kennzeichen dieser Stelle ist ein Metallpfeiler mit rotem Schild auf dem mächtigen Klotz, allerdings gibt es keinerlei Beschriftung auf der Tafel. Auf Steinen geht es problemlos über den Kvernagrovi hinweg, dann an seinem (in Wanderrichtung gese-

*Das Ziel der Wanderung:
die Hütte Høgabu* ▷

Vom Bergsdalen nach Høgabu

Vom Bergsdalen nach Høgabu

Tour 30

Vom Bergsdalen nach Høgabu

hen) rechten Arm entlang aufwärts, wobei Markierungen wieder den Weg begleiten. Oft trifft man hier im Sommer noch auf Schneefelder, und besondere Vorsicht ist dort geboten, wo darunter Wasser fließt. Solche Schneebrücken sollte man unbedingt meiden, denn dort besteht Einsturzgefahr!

Auf dem sanft ansteigenden Felsengrund kommt man problemlos voran, Steinmänner und rote T weisen den Weg. Bald wird eine kleine grüne Senke und mit ihr der Bachlauf nach links gequert, dann steigt das Gelände in Wellen an, es geht auf blankgeschliffenem Fels aufwärts. Nach links bleibt die schroffe Kerbe zwischen den Bergkuppen zurück, rechts liegen die flachen, seengesprenkelten Fjellregionen schon sichtbar unterhalb, und voraus helfen immer wieder Markierungen, die Route hinauf zu finden.

Nach etwa 1.45 Std. ist ein **Wegweiser** zur Hütte Høgabu erreicht. Kurz darauf werden zwei kleine Tümpel passiert, es folgt ein letzter kurzer Anstieg und auf der nächsthöheren »Etage« ein neuer See, länglich zwischen dem felsigen Bergzug zur Linken und einer Kuppe rechts eingezwängt. An ihm entlang und weiter hält man auf eine schmale, liebliche Senke zu, in der es nun wieder etwas abwärts geht; der mit gut 950 m höchste Punkt der Wanderung ist überwunden. Wenig später taucht links die Hütte von **Høgabu** auf, zwischen grauen Felskuppen auf feuchtem Grünland am Tjørndalsvatnet gelegen, dessen Ufer fast immer von weißen Schneefeldern gesäumt sind. Ein hübsch angelegter Steinweg führt über ein kleines Sumpfstück, und das leuchtend rote Holzgebäude am See ist nach gut 2 Std. erreicht.

Wer nicht auf Mehrtageswanderungen eingerichtet ist – es führen Strecken nach Kvitingen, Vaksdal oder Småbrekke –, sollte sich zumindest am Tjørndalsvatnet etwas umsehen, bevor er auf derselben Route nach **Li** zurückwandert, das nach 4 Std. wieder erreicht ist.

Am Rande der Hardangervidda

Rundwanderung durch das wilde Måbødalen

Der alte Verbindungsweg zwischen der Hardangervidda und dem Eidfjord ist auch heute noch etwas Besonderes – als steiler Saumpfad, serpentinenreiche Gebirgsstraße oder Tunnelstrecke. Die Rundwanderung führt auch zum mächtigen Vøringfossen.

DIE WANDERUNG IN KÜRZE

++ Anspruch

3.30 Std. Gehzeit

12 km Länge

Charakter: Trotz des steilen Anstiegs auf schmalen Saumpfaden, der etwas Kondition verlangt, ist die Wanderung unproblematisch. Zurück verläuft sie teils auf einem ehemaligen Fahrweg, zum Wasserfall wieder auf Fußpfaden.

Wanderkarte: TK 1 : 50 000, Blatt 1415 IV, Eidfjord

Einkehrmöglichkeit: Vøringfoss Kafeteria

Anfahrt: Beginn der Rundtour ist der Parkplatz im Måbødalen, wenige Kilometer landeinwärts von Øvre Eidfjord gelegen, von dem der »Trollzug« hinauf zur Cafeteria am Vøringfossen führt. Wenn man auf der Straße Nr. 7 von Geilo Richtung Bergen über die Hardangervidda kommt, wird die zweite Etappe der Wanderung mehrfach passiert, bevor dann erst unten im Tal der Ausgangspunkt erreicht ist.

Vom **Parkplatz** wendet man sich zum benachbarten Måbøgård, zwischen dessen Hofgebäuden ein breiter, grasiger Weg hindurch- und zu einer Weide führt. Ein Schild weist schon hier auf den Vøringfossen hin, zu dem es nun auf dem ältesten Verbindungsweg hinauf zur Hochfläche geht. Über die Weide, begleitet vom rauschenden Bach zur Rechten und der links oberhalb in einem Tunnel verschwindenden neuen Straße, hält man auf den steil und mächtig eingekerbten Talschluss zu, in dem die felsige Route hinaufführen soll. Unglaublich scheint dies Unterfangen von hier aus zu sein, zu steil das Gelände aus halbkreisförmigen Felswänden und Geröllflanken, aus dem die nur wenig bewachsene Kerbe besteht. Weit oben auf einem Absatz am linken Hang sind Strommasten zu sehen, unter denen die Route später hindurchführen wird.

Ein Seitenbach wird auf einer Plankenbrücke gequert, dann geht es zum Fluss Bjoreio und der neuen **Fußgängerbrücke,** die ihn überspannt (15 Min.). Jenseits weist ein Holzpfosten die Route als Kulturdenkmal aus. Deutlich erkennbar führt der historische Steig nun in das steile Halbrund hinein, windet sich dabei zwischen den mächtigen Geröllbrocken hindurch, die von überall her aus den Felshängen gestürzt sind. Dazwischen wuchert üppiges Grün, Farne, Birken und große Wacholderbüsche. Der Pfad hält sich allmählich an die linke Bergflanke, führt bald über steinige Hangrutsche, dann wieder durch bewachsenen Untergrund deutlich aufwärts. Immer wieder ist zu erkennen, wie die alte Route als ebenes Band im schrägen Hang angelegt worden ist, mal sind Felsstücke stufenartig aufgeschichtet, mal wird der Weg von flachen Steinen ebenmäßig gesäumt. Bald führt der Steig am Rand der Bergstürze unter Bäumen, zwischen bemoosten Stämmen und Felsen dahin, immer in deutlichem Neigungswinkel, der durch die zahlreichen Kehren jedoch erträglich gehalten wird. Zwischendurch ist immer wieder ein Blick zurück über das Tal möglich, wo bald tief unterhalb der Parkplatz und der Hof Måbøgård zu sehen sind.

Der Hang wird steiler, rechts der Route gibt es nur Geröll. Mit Felsplatten befestigt, leitet der Saumpfad daran entlang, steigt dann durch anstehenden Fels in verwunschenem Dickicht aus Birken und Ebereschen in Stufen hoch. Er bleibt dabei deutlich links des Talschlusses und führt unter der Stromleitung hindurch, die schon von unten zu sehen war. Über ein schmales Geröllfeld wendet die Spur sich einer bewachsenen Seitenkerbe zu und an ihr entlang parallel zur Stromleitung zum **oberen Rand der Steilhänge** hinauf (1 Std.). Hier wird das Gelände nun offener, weiter und fast eben. Der alte Pfad verläuft sich sofort in diesem Terrain, und man muss direkt am oberen Ende der Kerbe rechts nach einem kleinen Steinmann und dem ersten roten Markierungs-T Ausschau halten; sie liegen in Richtung des entfernter stehenden von zwei hölzernen Leitungsmasten.

Die Spur führt nun als breites, abgetretenes Felsband leicht ansteigend durch das grasige Gelände dahin, rechts noch begleitet vom auslaufenden, birkenbestandenen Talschluss. Links sieht man weit über das offene Gelände hinweg bis auf die jenseitigen Hänge des dort gelegenen Måbødalen.

Bald ist die höchste Kuppe der Strecke erreicht, und voraus tut sich der Blick nach Fossli auf, dem Hotel am oberen Rand des Vøringfossen. Die feine Wolke aus Wasserstaub ist oft auch schon über den Schluchtwänden zu erkennen. Ein Rinnsal wird überquert, gleich darauf ist eine **Weggabelung** erreicht (1.15 Std.), an der ein Schild nach halblinks den Wasserfall ausweist. Dorthin geht es nun vorbei an einer Ferienhütte auf weiterhin gut erkennbarer Spur durch teils grasiges, teils felsiges Flachland, dann in deutlichem Linksbogen oberhalb um ein felsiges Seitental herum, nun leicht abwärts, vorbei an einem moorigen Tümpel und vereinzelt stehenden Kiefern. Noch einmal unter einer Stromleitung hindurch passiert man einen letzten Wegweiser und gelangt nach

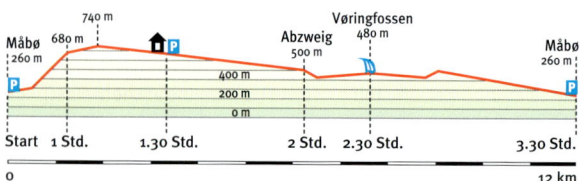

Rundwanderung durch das wilde Måbødalen

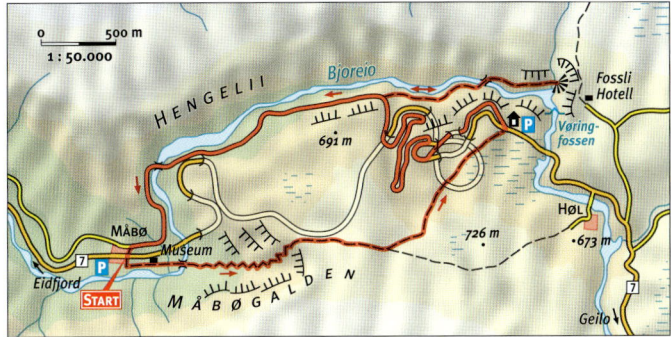

1.30 Std., durch ein kleines Waldstück absteigend, zur Straße. Direkt gegenüber ist dann der **Parkplatz Vøringfossen** mit Souvenirbuden, Trollzug-Station und Cafeteria erreicht.

Nach dem anstrengenden Aufstieg ist der Weg hinunter nahezu eine Erholung. Auf dem sanft geneigten Fahrweg läuft man keinerlei Gefahr, bei gleichzeitigem Wandern und Umhersehen ins Straucheln zu geraten, bequemer geht's nicht. Lediglich einmal pro Stunde befährt der »Trollzug« – sehr einfallsreich ist man bei der Namensgebung nicht gewesen – den sonst für den Verkehr gesperrten Fahrweg. Vom Parkplatz aus führt die alte Straße zunächst unmittelbar parallel zur neuen. Rechts schützt ein Geländer vor dem gut 100 m tiefen Steilabfall hinunter zum Bjoreio, der kurz zuvor den Vøringfossen gebildet hat. Eine gute Aussicht auf diesen bekannten Wasserfall will sich von hier oben jedoch nicht so recht einstellen, da er sich hinter einer Biegung versteckt hält – das wird sich später ändern.

Die Straße Nr. 7 verschwindet bald in einem ersten Tunnel, und mit ihr der Autoverkehr. Gleich darauf macht es ihr die alte Fahrspur nach, allerdings hat diese kurze Passage mehrere Sichtfenster hinunter ins Tal. Dann scheinen die Straßenbauer den Weg regelrecht an die Felswand geklebt zu haben, denn zur Linken erheben sich senkrechte Felswände, zur Rechten stürzen sie hinab ins Måbødalen. Bald darauf wird es eng, denn die Hauptstraße kommt für 200 m in einem weiten Bogen wieder ans Tageslicht, um anschließend in einem Kreis von 1 km Länge in den Berg abzutauchen. Daneben hat man die alte Straße erhalten, die sich nun kunstvoll über, unter und neben ihrer Nachfolgerin durch die Schlucht schlängelt. In engen Kehren geht es weiter bergab, wobei wiederum die Nr. 7 kurz erscheint, um dann für 2 km im Måbøtunnel zu verschwinden. Auch wenn verkehrsreiche Straßen sonst nicht ins Repertoire eines Wanderbuches gehören – diese verdient Beachtung: Hier ist moderne Technik höchst sehenswert-geschickt mit älteren Fahrwegen verbunden und in die Natur integriert worden. Dass Verkehrsteilnehmer mit Klaustrophobie wie auch Wanderer zudem nach jedem Tunnel einen hübschen Rastplatz vorfinden, verstärkt nur den positiven Eindruck. Nach 2 Std. zweigt in einer Linkskurve ein steiler Weg nach rechts ins Flusstal ab; er führt zum Vøringsfossen. Problemlos geht es auf diesem Weg in Serpentinen durch ein Birkenwäldchen abwärts, wo kurz darauf von links noch ein Pfad hinzukommt. Dann wandert man parallel zum Bjoreio recht bequem bergab und allmählich auf den Fluss zu. Ein riesiger Hangrutsch muss überwunden werden, dann geht es durch mächtige Felstrümmer und Schotter. Markierungen weisen den besten Weg, der nun wieder hangaufwärts führt. Zur Linken braust der Fluss, der sich tief in die Felshänge eingegraben hat und zwischen riesigen Gesteinsbrocken kleinere Wasserfälle bildet. Ein weiterer Bergsturz wird passiert, dann erreicht man eine Hängebrücke. Schon von hier ist der Vøringfossen in seiner ganzen Fallhöhe zu sehen, aber von der gegenüberliegenden Seite ist der Blick noch etwas besser. Es geht jenseits über einen älteren Hangrutsch hinweg, der mit einer üppigen Hangwiese bewachsen ist.

Nach 2.30 Std. steht man dem **Vøringfossen** umittelbar gegenüber. Im Sommer stürzt er mit mindestens 12 Kubikmetern Wasser pro Sekunde herunter – so jedenfalls hat es das norwegische Parlament verfügt, nachdem 1980 der Bjoreio in seinem Oberlauf für die Energiegewinnung reguliert wurde. Immerhin muss das Sima-Kraftwerk im Sommer somit auf ungefähr 10 % der Wassermengen verzichten. Man kann sich heute nur schwer vorstellen, dass der Vøringfossen früher an guten Tagen mit mehr als der zehnfachen Kraft zu Tal schoss, denn auch die reduzierte Menge macht auf ihrem freien Fall von gut 180 m noch gewaltig Eindruck.

Auf gleichem Pfad geht es zurück, so dass nach 3 Std. wieder der alte **Fahrweg** erreicht ist, auf dem man sich nun nach rechts wendet. Allmählich weitet sich der Fluss zum kleinen Måbøvatnet, an dessen Ende eine alte **Brücke** auf die andere Seite führt (3.15 Std.). Hier dürfen auch die Autofahrer vor ihrer Fahrt in den vierten Tunnel kurz Luft schnappen. Dann haben die Wanderer das Tal noch ein letztes Mal für sich allein, bevor die Hauptstraße endgültig ins Måbødalen hinunterkommt. Schon ist unten der **Parkplatz** zu sehen. Nach ungefähr 3.30 Std. ist die Runde dort geschlossen.

Måbøgalden

Der Steig über die steilen Flanken des inneren Måbødalen wurde als Abzweig des Nordmannsslepa, des Routennetzes vom Numedal über die Hardangervidda zu den Fjordregionen im Westland, angelegt. Diese Verbindungswege sind schon für das 16. Jh. nachgewiesen und hatten als Handelsrouten große Bedeutung. Vieh, Talg und Fischereiprodukte kamen von Westen, Holz, Erz und Getreide von Osten. Der Abstieg über Måbøgalden wurde Ende des 17. Jh. angelegt und soll, wie ein reisender Forscher 1821 schilderte, aus 1500 Stufen und 124 Kehren bestanden haben. Viele davon wurden im Laufe der Zeit von Geröllstürzen begraben, und der Steig geriet in Vergessenheit, als 1888 ein Reitweg und 1920 die Fahrstraße am Vøringfossen eröffnet wurde. Inzwischen wurde er für Wanderer restauriert.

In der Hardangervidda

Von Fagerheim zur Krækkjahytta

Durch die raue Hardangervidda verlaufen zahlreiche Streckenwanderungen. Diese Tour führt rings um den See Storekrækkja, wobei der Eisschild des Hardangerjøkulen und der markante Bergzug Hallingskarvet in der sanft gewellten Landschaft für Spannung sorgen.

DIE WANDERUNG IN KÜRZE

Anspruch: +

Gehzeit: 3.30 Std.

Länge: 13 km

Charakter: Einfache, kaum anstrengende Wanderung, teils auf markiertem Wanderweg, teils weglos durch einfaches Gelände. Einige flache Bachbetten müssen gequert werden, hier kann der Felsboden glatt sein.

Wanderkarten: Spezialkarte 1 : 200 000 Hardangervidda; Tur- og Fritidskart 1 : 50 000 Nr. 3, Finse

Einkehrmöglichkeiten: Krækkjahytta und Fagerheim

Anfahrt: Die Straße Nr. 7 steigt westlich von Haugastøl zur Hochebene der Hardangervidda an; auf ihr bis zur Wanderhütte Fagerheim.

Von der **Hütte Fagerheim** geht es zur Fahrstraße und auf ihr ein paar Meter nach rechts, über eine Brücke und dahinter bei einem Bootshaus gleich wieder rechts ins ufernahe Gelände am See Storekrækkja, der bei der Wanderung umrundet wird.

In Laufrichtung voraus liegt hinter flacheren Kuppen und sanft gewelltem Terrain in der Ferne der Gletscherschild des Hardangerjøkulen, der in der nächsten Zeit immer wieder am Horizont aufleuchten wird. Auch der rechts mit über 1900 m noch etwas höher aufragende Bergzug Hallingskarvet wird von ein paar Hanggletschern und Firnfeldern marmoriert. In näherer Umgebung ist die Landschaft ruhiger. Die niedrige Tundrenvegetation wechselt zwischen Heidebewuchs an trockenen und Gräsern und Moospolstern an feuchteren Standorten, und wo nur noch Geröll zu finden ist, wird dieses vielfach von Flechten überzogen. Oft ist auch zu erkennen, wo in schattigen Mulden der Schnee erst jüngst abgetaut ist, so dass die Vegetation dort erst spät und für eine kurze Wachstumszeit aus dem Winterschlaf erwacht. Letzte Schneeflecken sind hier oben auch im Juli keine Ausnahme, doch stellen sie auf dem flachen Gelände keine Schwierigkeit dar. Die Route am Seeufer entlang muss man sich selbstständig suchen; ein Abstand von etwa 50 m ist recht brauchbar, denn so muss nicht jede kleine Ausbuchtung der Wasserkante umlaufen werden.

Nach knapp 30 Min. liegt eine **Hütte mit Bootsanleger** am Weg;

Von Fagerheim zur Krækkjahytta

In der Hardangervidda; im Hintergrund die Krækkjahytta

wenig später kann man am jenseitigen Seeufer voraus schon Ausschau nach der Krækkjahytta halten, dem Etappenziel der Wanderung. Doch bis dahin geht es noch eine Weile weiter am See entlang. Ein paar Steinmänner tauchen in der Nähe auf, begleiten die Route aber nur vorübergehend. Ein kleiner Tümpel liegt zur Linken, dann trifft man auf einen kräftigen Bachlauf, der oberhalb aus einer felsigen Kerbe fließt. Auf Steinen lässt er sich problemlos queren, doch Vorsicht auf dem anstehenden Felsgrund, er kann glatt sein.

Hier und da ducken sich Farne in schmale Felsspalten, dann wieder leuchten hellgrüne Moospolster auf. Dazwischen sind glattgeschliffene Felsplatten vom fließenden Wasser freigelegt. Eine regelrechte Wasser-

Von Fagerheim zur Krækkjahytta

rutsche ist der nächste Bach, auf den man wenige Minuten später stößt und der ebenso überwunden werden muss wie der erste. Der dritte kündigt sich schon rauschend an, bevor man das Ufer seines breit aufgefächerten Laufs erreicht. Hier fließt der oberhalb gelegene Dragøyfjord in den Storekrækkja, dessen Ende hier erreicht ist. Die Hütte liegt gegenüber auf einer Landzunge. Um dorthin zu gelangen, muss man den Seeabfluss überwinden, wozu man an seinem diesseitigen Ufer weiter aufsteigt, bis eine **Brücke** in Sicht kommt (1.45 Std.). Sie überspannt die schmalste Stelle nahe dem oberen See. Jenseits weist nach ein paar Minuten ein Schild nach links Richtung Finse, geradeaus weiter zur **Krækkjahytta,** die gleich darauf nach 2 Std. erreicht ist.

Von Fagerheim zur Krækkjahytta

Weiter geht es von der Hütte dem Schild Fagerheim und dem ab jetzt durchgängig markierten Weg nach. Am Seeufer führt er einige Meter aufwärts, bald über einen Bach, über dessen flaches Bett Steine gelegt wurden. Wieder weist ein Schild geradeaus die richtige Route, die nun zur Kuppe **Svonuten** hin leicht ansteigt. Der kleine Gipfel überragt den Wasserspiegel um gerade einmal 80 m, doch versperrt er nach links zunächst noch den Blick auf den benachbarten See Ørteren. Es geht am grasigen Hang entlang, der Untergrund ist nun weniger felsig als beim Hinweg. Nach 2.45 Std. liegt voraus die schmale **Landzunge,** die den Ørteren vom Storekrækkja trennt. Wohin man blickt, ist Wasser zu sehen. Der Weg gabelt sich, doch bevor man dem rechten folgt, lohnt sich ein kurzer Abstecher über die Landenge, die sich um einen kleinen Tümpel glatt und felsig zwischen den Stauseen erstreckt. Ein paar Meter nach rechts bringen einen wieder auf den richtigen Weg, der weiter dem Ufer des Storekrækkja folgt, wieder auf halber Höhe der grasigen Hänge. Bald liegt die große Wanderherberge **Fagerheim** voraus, die Straße kommt in Sicht, der Blick nach Südwesten wird von keiner markanten Landmarke aufgehalten. Über eine letzte kleine Anhöhe hinweg erreicht man nach 3.30 Std. wieder den Ausgangspunkt.

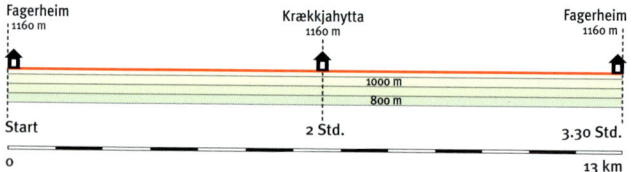

Zum eisigen Riesen

Von Finse zum Hardangerjøkulen

Von der Station Finse, auf 1222 m Höhe an der spektakulären Bergenbahn gelegen, scheint der Hardangerjøkulen schon zum Greifen nah. Zwischen zwei Zugabfahrten lässt der weiße Gletscherschild sich problemlos erreichen.

DIE WANDERUNG IN KÜRZE

++ Anspruch

4.45 Std. Gehzeit

15 km Länge

Charakter: Bis zum Blåisen einfache Wanderung auf markierten Pfaden durch gewelltes Gelände; der deutlich schwierigere Anstieg zum Kongsnuten verläuft querfeldein über teils steiles Geröll.

Wanderkarte: Tur- og Fritidskart 1 : 50 000 Nr. 3, Finse

Einkehrmöglichkeiten: Finsehytta; Schutzhütte Appelsinhaugen am Fuße des Kongsnuten

Anfahrt: Finse hat keinen Straßenanschluss. Von Geilo, Ustaoset oder Haugastøl (nicht alle Züge halten hier) erreicht man Finse in einer halb- bis dreiviertelstündigen Zugfahrt durch grandiose Berglandschaft täglich gegen 10.30 Uhr; zurück gibt es zwischen 17 und 19.30 Uhr mehrere Verbindungen. Eine sportlichere Variante besteht darin, die Strecke auf dem Rallarvegen mit dem Fahrrad zurückzulegen. Der alte Zufahrtsweg aus der Zeit des Eisenbahnbaus ist gut für Radfahrer erschlossen und bei diesen äußerst beliebt. Teurer (50 Euro) Fahrradverleih in Finse im Hotelgebäude, Rücktransport ab Haugastøl kann organisiert werden. Von Haugastøl (Parkplatz Rallarvegen) nach Finse sind es 27 km und ca. 200 Höhenmeter. Man kann sein Rad auch im Zug mit nach Finse nehmen und nach dem Wandern talabwärts zurückfahren.

Am **Bahnhof von Finse** angekommen, wird man sich leicht orientieren, denn die Station besteht nur aus dem langen Abfertigungsgebäude und dem benachbarten Hotel, malerisch in einem großen Holzbau untergebracht. Beide kehren dem Finsevatnet den Rücken zu. Über den See hinweg fällt auf einer Landzunge die große DNT-Wanderhütte Finsehytta ins Auge. Dahinter leuchtet der Gletscher Hardangerjøkulen als weißer Schild auf – dorthin soll die Wanderung führen.

Ein Schilderbaum neben dem Fahrradverleih weist auf die zahlreichen Wandermöglichkeiten in alle Himmelsrichtungen hin; nach links ist der Blåisen ausgewiesen, das erste Ziel dieser Tour. Ein breiter Weg führt hinunter zum Finsevatnet und an seinem Ufer entlang. Man passiert zwei Abzweige zur DNT-Hütte und erreicht des Seeende, an dem ein Wegweiser das Wanderziel nach rechts ausschildert; hier verlässt man den geradeaus nach Haugastøl weiterführenden Radweg. Auf dem markierten Wanderpfad ist gleich darauf nach 15 Min. die Staumauer des regulierten **Finsevatnet** erreicht, auf der es entlanggeht; sogar hier weisen rote T den richtigen Weg. Bald gabelt sich der Weg, und während nach links die Hütten von Krækkja und Kjeldebu auf der Hardangervidda erreicht werden können, geht man geradeaus weiter auf den Gletscher zu. Das Terrain ist felsig, aber recht flach und hier und da mit Gräsern und Moosen begrünt. Der Blick kann sich immer wieder am bläulich-weißen Eisschild voraus erfreuen. Deutlich erhebt sich eine steile Bergflanke aus den Gletschermassen: der Doppelgipfel nordre Kongsnuten, zu dem die Wanderung später führt. Umflossen wird die schroffe Kuppe von der Gletscherzunge Blåisen, die links steil und breit aufgefächert herabstürzt, und dem flacheren Middalen zur Rechten.

Durch das leicht ansteigende, gewellte Gletschervorland geht es nun abwechselnd ein paar Meter hinauf, dann wieder hinab. Steinmänner, die roten Markierungen und je nach Untergrund mehr oder weniger deutliche Fußspuren machen die Route kenntlich. Nach 1 Std. weist ein Schild »Bru« nach links von ihr weg und zu einer neuen Brücke, die den Gletscherfluss Styggelvan etwas stromabwärts der Hauptroute überspannt. Man kann dieser weiter folgen und sich erst am Flussufer links wenden oder die neue Abkürzung einschlagen. Auf der Hängebrücke geht es über den Hauptarm des je nach Wasserstand mehr oder weniger aufgefächerten **Styggelvane**. Jenseits ist kurz darauf eine Weggabelung erreicht; hier folgt man dem Schild »Blåisen« nach links. Durch nun fast unbewachsenes, mit kleineren Seen gesprenkeltes Moränengelände, das den Gletscher ankündigt, erreicht man eine letzte Anhöhe. Ein **Steinmann** markiert diese Stelle (1.30 Std.), von der man eine herrliche Sicht auf die zerfurchten, bläulichen Eismassen hat.

Wer die Gletscherzunge noch näher betrachten möchte, kann einen Abstecher hinunter machen und erreicht ihren Fuß jenseits eines flachen Bachlaufs, doch ist hier Vorsicht geboten, denn das zerklüftete Eis kann abbrechen. Spätestens am östlichen Arm des Styggelvane, der aus dem Blåisen entspringt und breit über flache, blankgewaschene Felsstufen rauscht, endet die Gletschererkundung.

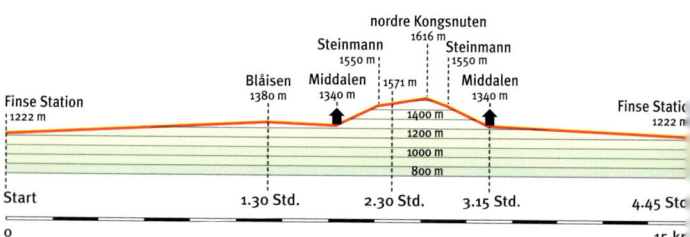

An der Gletscherzunge Blåisen

scher wirkt, so unberechenbar sind seine Spalten doch. Problemlos sind hingegen die Skirouten um Finse zu bewältigen. Die DNT-Hütte und das Berghotel in Finse haben ab Mitte Februar geöffnet.

Auf den Hausberg von Geilo

Vom Prestholtseter über den Gebirgszug Hallingskarvet

Wo das Hallingdalen zur Hardangervidda aufsteigt, bildet der lange, steil aufragende Gebirgsrücken Hallingskarvet eine weithin sichtbare Landmarke. Vom Touristenzentrum Geilo ausgehend, überzieht im Sommer wie im Winter ein Wegenetz die Hänge.

DIE WANDERUNG IN KÜRZE

Anspruch: +++

Gehzeit: 4 Std.

Länge: 10 km

Charakter: Nach einem gemütlichen Beginn über grüne Almwiesen folgt ein anspruchsvoller Anstieg in einer Scharte neben dem Gletscher Eimefonni. Auf Geröllfeldern wird dann der Prestholtskarvet überwunden, bevor es auf Schneefeldern und guten Spuren wieder abwärts zum Prestholtseter geht.

Wanderkarte: Tur- og Fritidskart 1 : 50 000 Nr. 2, Geilo (mit Sommer- und Winterwanderrouten)

Einkehrmöglichkeiten: Prestholtseter (bis 18 Uhr)

Anfahrt: Auf der R 7 aus Richtung Gol nach Geilo passiert man am Ortsanfang von Geilo linker Hand zwei Campingplätze und sieht bald darauf bei den Sportanlagen eine Fußgängerbrücke, die über die Straße führt. Unmittelbar davor zweigt rechts eine Straße ab (u. a. Hinweisschild »Prestholt«). Auf dieser geht es gut beschildert in vielen Kurven aufwärts zum Skigebiet und daran vorbei zum Prestholtseter (mautpflichtig).

Vom Parkplatz bei der **Hütte Prestholtseter** führt der Fahrweg noch ein Stück geradeaus weiter durch das Hofgelände und zwei Gatter. Dann zeigt ein Hinweisschild zwei alternative Wanderrouten nach Ustaoset an. Man geht geradeaus weiter Richtung Hesteberget. Das Gelände wird zur Rechten von dem markanten Gebirgszug Prestholts-

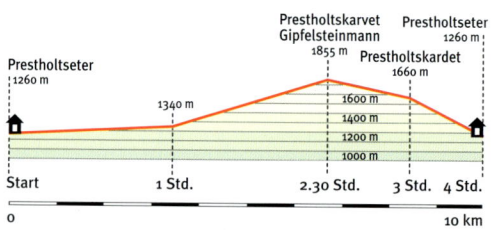

Vom Prestholtseter über den Gebirgszug Hallingskarvet

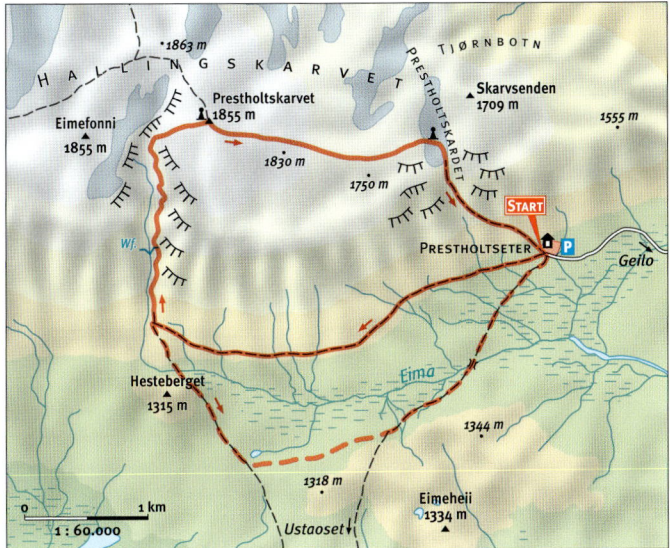

karvet, einem Teil des Hallingskarvet, überragt. Linker Hand schweift der Blick über eine langgezogene, moorige Senke hinweg bis zum parallel verlaufenden flachen Rücken Eimeheii, der diese Hochfläche zum Hallingdalen hin begrenzt. Nach wenigen Metern zeigt ein Schild nach rechts aufwärts zum Prestholtskardet: Von diesem Pass herunterkommend, wird man später hier die Runde schließen.

Der geradeaus führende Wirtschaftsweg, dem man folgt, geht in einen deutlichen Pfad über, der auf nahezu gleichbleibender Höhe am Hallingskarvet entlangführt. Hin und wieder sind kleinere Bachläufe zu überwinden, und die Senke zur Linken kommt allmählich höher. Rechter Hand werden die Hänge immer steiler, und nach knapp 1 Std. ist dort ein deutlicher Einschnitt zu sehen, über dem Firnfelder des Gletschers Eimefonni glänzen. Auch ein schäumender Wasserfall ist zu erkennen,

der in dieser Kerbe herunterstürzt. Wenig später erreicht der Weg den dazugehörigen Bach Eima und führt einige Meter aufwärts zu einem **Steinmann** (1 Std.). Die Wegspuren gabeln sich hier. Diesseits des Baches führt ein Pfad zu der Kerbe hinauf, und nach 1.15 Std. hat man den weißen **Wasserfall** erreicht, der sich bei näherer Betrachtung eher als mächtige Wasserrutsche erweist.

Im Folgenden verliert sich die Route häufig auf dem felsigen bis steinigen Untergrund, doch tauchen oft völlig überraschend immer wieder Steinmänner auf, wenn man in der Nähe des Baches bleibt. Neben dem Wasserfall bleibt ohnehin keine andere Wahl, da die Steilwände sehr dicht an die Kaskaden heranreichen. Bald weitet sich die Schlucht wieder zu einem großen Kessel. Spätestens hier lohnt sich ein Blick zurück, denn man hat schon bedeutend an Höhe gewonnen und kann nun über den Rücken Eimeheii hinweg den Uste-

Vom Prestholtseter über den Gebirgszug Hallingskarvet

vatnet und dahinter die Hardangervidda ausmachen. Auch voraus ist die Aussicht gut. Der Bach kommt dort aus einer weiteren Kerbe, und rechts neben ihm wird der Aufstieg erfolgen. Die weiße Kappe des Eimefonni ist weiter links über den Steilwänden zu erkennen, und die Nähe dieser Vergletscherung macht sich im folgenden Wegstück deutlich bemerkbar: Es ist kaum noch Bewuchs zu finden. Im Gegenteil, große, scharfkantige Felsbrocken machen das Vorankommen schwer. Auch wenn es hier im Frühsommer weiß aussehen sollte, besteht keine Gefahr, unversehens auf dem Gletscher herumzulaufen, denn im Spätsommer ist hier alles nur felsig grau.

In der Nähe des Baches geht es also mühsam, aber spannend aufwärts. Einmal muss der Wasserlauf auch kurzfristig verlassen werden, da es sich weiter rechts über den Hang leichter aufsteigen lässt. Nach und nach ist der Gletscher zur Linken deutlicher zu sehen und nimmt immer mehr die Form einer weißen Wand an, die lediglich durch einige steile Felshänge unterbrochen wird. Nach fast 2 Std. wendet sich der Hauptbach deutlich nach links auf den Gletscher zu, aus dem er entspringt. Die Wanderung bleibt aber auf der rechten Seite der Einkerbung und steigt so lange an, bis die Steilwände zur Rechten langsam auslaufen. Steinmänner oberhalb signalisieren, dass man nun nach rechts auf den Prestholtskarvet abbiegen kann. Der anstrengende Hauptanstieg ist überwunden, zurück kann man nun schon von oben auf den Gletscher Eimefonni sehen. Geradeaus weiter ist ein riesiger Steinhaufen mit einem dicken Pflock in der Mitte zu erkennen, zu dem es jetzt nur noch sanft ansteigend, aber weiterhin über Geröll hinaufgeht. Dieser markante Punkt, der sich aus nahezu ebenem Terrain erhebt, bildet den offiziellen **Gipfel des Prestholtskar-**

Ziegen von einem Hof beim Prestholtseter

vet (1855 m) und ist nach 2.30 Std. erreicht.

Ab dem Gipfel geht es also nur ganz sanft bergab, und auf der weiten Hochfläche ist die Aussicht zum Hallingdalen nun eingeschränkt. Nach Osten sind vereinzelte Steinmänner, aber auch immer wieder hohe Stäbe der Winterroute zu sehen. In diese Richtung wandert man nun weiter, ohne dass in den Geröllfeldern eindeutige Pfadspuren zu finden sind. Schneefelder erleichtern manchmal das Vorwärtskommen. Nach knapp 2.45 Std. neigt sich das Gelände etwas steiler. Man hält sich im Zweifelsfall lieber etwas weiter nach links, um so die weite Passsenke anzusteuern. Nach gut 3 Std. sollte wieder ein großer **Steinmann** mit einem hohen Stab erreicht sein, von dem aus weitere Stecken im weiten Bogen mehr nach rechts hinunter den Weg in die Schlucht **Prestholtskardet** zeigen. Man findet hier beinahe in jedem Sommer eine geschlossene Altschneedecke, die den Abstieg zu einem freudigen Erlebnis macht. Es empfiehlt sich, den linken Rand der Einsenkung anzusteuern, so dass man das Schneefeld dorthin verlassen kann, wenn es zu steil oder zu rutschig wird. Steinmänner auf dieser Seite des Einschnitts Prestholtskardet bestätigen, dass man auf dem richtigen Weg ist. Wenn dann zu beiden Seiten schon wieder die Steilwände des Prestholskarvet zu sehen sind, ist die Scharte überwunden, und ein deutlicher Pfad müsste auf der linken Hangseite zu finden sein. Auch der Prestholtseter taucht nach ca. 3.30 Std. weit unten auf, und der gut ausgetretene Weg leitet dann sicher hinab. Nach 4 Std. ist die gemütliche Almhütte erreicht, in der man sicherlich einen abschließenden Kaffee oder einen Imbiss zu sich nehmen wird.

Einfache Alternative

Wenn sich der Hallingskarvet auch nach der dritten Tasse Kaffee in dem urgemütlichen Gasthof Prestholtseter noch bedeckt gibt, ist an einen Aufstieg zu seiner pfadlosen Hochebene nicht zu denken. Dann stellt die folgende, zweieinhalbstündige Rundwanderung eine Alternative dar: Man wandert wie beschrieben bis zum Bach **Eima,** wo der Weg sich gabelt. Mit dem Bach geht es im spitzen Winkel hangabwärts in die weite Senke. Dort muss der Bach gefurtet werden, und es folgt ein kurzer Anstieg zum Hesteberget. Man passiert eine Skiroute, die an ihren hochaufragenden Holzstäben zu erkennen ist, und hat nach knapp 1.30 Std. einen kleinen **See** links erreicht. Kurz dahinter kreuzt eine deutliche Schafsspur den Pfad und führt nach links direkt auf einen großen Felsbrocken zu. Dieser Spur folgt man, hält die Höhe und kommt so ca. 20 Min. später auf einen markierten Pfad, der nach links wieder in die Senke führt. Nach 2 Std. führt ein schmaler **Holzsteg** über den mittlerweile recht kräftigen Bach Eima. Der Weg entfernt sich kurz darauf hang-aufwärts von ihm (auf die roten T achten!) und erreicht dann die Umzäunung des Hofgeländes. Bei dem Hinweisschild am Gatter ist die Runde nach 2.30 Std. geschlossen.

Sanftes Fjell und schroffe Gipfel

Vom Hemsedal zum Storehødn

Bei Hemsedal wird das umliegende Bergland alpin. Als weithin sichtbare Landmarken erheben sich Vesle- und Storehødn steil aus dem Tal und bilden spektakuläre Aussichtspunkte.

DIE WANDERUNG IN KÜRZE

Anspruch: ++

Gehzeit: 3.15 Std.

Länge: 9 km

Charakter: Abwechslungsreiche Bergwanderung mit kurzen, aber teils steilen Etappen zu luftigen Aussichtspunkten. Trittsicher und schwindelfrei sollte man sein.

Wanderkarten: Tur- og Turistkart Hemsedal, Hemsedal Idrettslag, 1 : 30 000

Einkehrmöglichkeiten: Keine

Anfahrt: Vom Ort Hemsedal auf der Straße Nr. 52 Richtung Gol bis zum Abzweig nach Langeset und Torsetstølane, dort rechts. Die Straße führt auf den Hang des Veslehødn (Veslehorn) und den Hydnefossen zu. Auf dem Mautweg (»til Torsetstølane«) kurz darauf links und in Kurven hangaufwärts. Nach 5,5 km bei einer Gabelung halbrechts, vorbei an einem Almgelände. Die Straße endet nach 8 km an einem Parkplatz.

Am **Parkplatz am Ende des Hornlivegen** weist ein Schild den steilen Hang hinauf zum Veslehødn; ein deutlicher Pfad windet sich in Serpentinen hoch, man gewinnt schnell an Höhe. Bald geht es unter der Hochspannungsleitung hindurch, dann kommen auf dem sanfter geneigten Hang die Fjellkuppen des Hinterlandes in Sicht. Die Spur gabelt sich, die obere ist mit den blauen Punkten markiert, die fast die gesamte Rundwanderung begleiten werden. Es geht auf den schroffen Gipfel des Storehødn (Storehorn) zu, bald in eine flache Senke hinein, vorbei an kleinen Tümpeln und dann entlang eines von links kommenden Baches zum Ufer des **Hødnetjedne** (Hødnetjørn), das man nach 30 Min. bei einem Schilderbaum erreicht. Jenseits wird der kleine See von den beiden markanten Gipfeln flankiert, zu

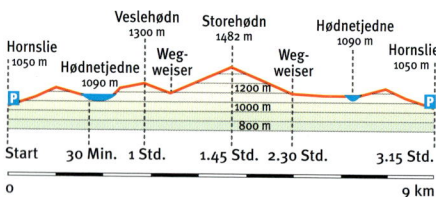

Vom Hemsedal zum Storehødn

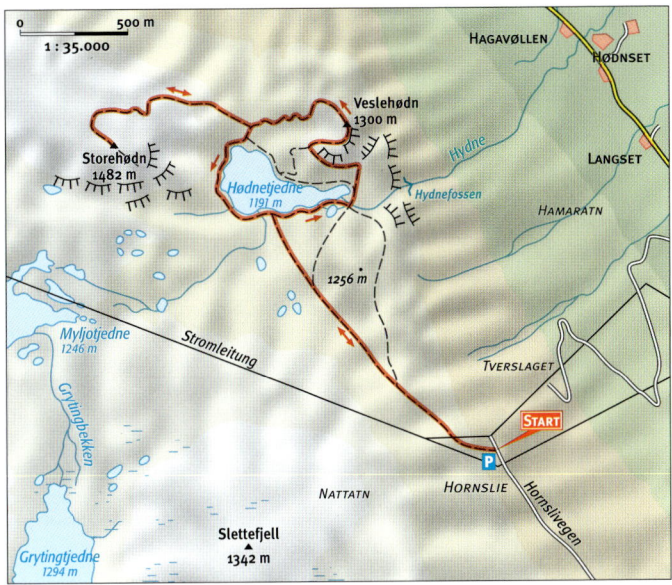

denen die Wanderung führen wird. Links ist das Gelände weniger schroff und steigt nur sanft zu weiten Fjellkuppen an. Rechts, wohin unser Pfad sich wendet, liegen unsichtbar die Steilhänge, über die der Hydnefossen, den man schon auf der Herfahrt sah, ins Hemsedal abstürzt. Am östlichen Ende des Hødnetjedne führt ein Pfad geradeaus weiter, während die Wanderung sich auf dem Abzweig nach links und über den Seeabfluss wendet.

Zwar könnte man noch etwa 10 Min. bachabwärts weiterlaufen, bekommt aber von oben keinen Einblick in den Hydnefossen. Die Steilkante beginnt nämlich erst im stark abschüssigen Gelände, so dass es äußerst riskant wäre, sich ihr zu nähern. Hübsche Kaskaden im Oberlauf des Baches mögen einen kurzen Abstecher trotzdem rechtfertigen. Über den Seeabfluss und weiter am Seeufer entlang geht es nun direkt auf den **Veslehødn** zu, dessen Gipfelfelsen nach rechts zu einer steilen Kerbe abbrechen. Ein spitzer Zacken ragt daneben auf. Auf diese Kerbe hält man weiter zu, wenn der See endet, auch wenn die markierte Route am Ufer bleibt, und steigt einen sehr steilen, unmarkierten Pfad dorthin auf. Mag man unterwegs noch annehmen, dass der weitere Aufstieg durch die Kerbe erfolgen kann, so wird man oben plötzlich eines Besseren belehrt: Dahinter ist die Welt zu Ende. Eine tiefe Scharte, von Steilhängen umgeben, zieht sich von dort in den Berg und trennt den Zacken vom Veslehødn. Der Blick durch die Scharte hinunter ins Hemsedalen ist ebenso unerwartet wie atemberaubend. Auf den Zacken kann man gefahrlos hinauslaufen: Ein paar Meter steigt man aus der Kerbe zurück wieder ab und achtet auf quer verlaufende Spuren, denen man nach links entlang felsiger Simse folgt, dann ist der kleine, spitze Gipfel des Zackens umgangen, und man sieht von hier in die Scharte und zurück in die Kerbe (45 Min.). Auch zum Haupttal lohnt sich ein Blick.

Kurz zurück bis zur Kreuzung mit der Aufstiegsspur und über diese hinweg geht es geradeaus weiter unterhalb der Gipfelfelsen des Veslehødn entlang. Links liegt der See unterhalb, dahinter das mit kleinen Wasserflecken gesprenkelte Fjell. Der Pfad ist hier zwar nicht markiert, aber deutlich zu erkennen und verläuft auf einem schmalen, üppig bewachsenen Absatz um den Gipfel herum. Nach kurzer Zeit kommt von unten ein anderer Pfad herauf und kreuzt diesen: Hier wendet man sich rechts hinauf und kann die nur noch niedrigen Steilfelsen zum Gipfelplateau hinaufsteigen. Oben ist der Durchstieg mit einem kleinen Steinmann markiert. Auf den flachen, nur wenig ansteigenden Felsplatten hält man nach der teils undeutlichen Spur Ausschau oder geht einfach auf die höchste Erhebung des Veslehødn zu. Bald hat man die Steilkante wieder rechts neben sich und sieht die spektakuläre Scharte nun von der anderen Seite, dann ist nach 1 Std. auf 1300 m das **Gipfelschild** erreicht.

Nichts verstellt von hier mehr die Aussicht, talaufwärts umrahmen schneegefleckte Bergzüge das Hemsedalen, talabwärts grün gewellte Hochflächen. Der Nachbargipfel Storehødn wirkt aus dieser Perspektive trutzig und beinah unbezwingbar, und doch soll es dort später hinaufgehen. Zunächst aber steigt man auf der jetzt wieder blau gepunkteten Hauptroute in die Senke hinunter, die Vesle- und Storehødn voneinander trennt. Unten erreicht man einen **Wegweiser** und folgt den Markierungen zum Storehødn. Der Aufstieg wird bald steiler, eine geröllübersäte Felsrinne muss durchstiegen werden; es erfordert verstärkte Aufmerksamkeit, auf den groben Gesteinsbrocken sicheren Halt zu finden. Hat man die Rinne erklommen, geht es auf dem offenen Hang wieder mit lohnender Aussicht weiter aufwärts, teils durch Bewuchs, dann wieder über Geröll, immer den blau markierten Steinmännern nach. Bald hört der Bewuchs auf, man steigt nur noch über Felsbrocken auf, wobei der Gipfel erst spät in Sicht kommt. Nach 1.45 Std. ist auf einem weiten, gewellten Plateau die **Höhe 1482 m** erreicht. Erstaunlich tief unterhalb scheint aus dieser Perspektive der Nachbarberg zu liegen, und nicht zu enden scheinen Fjell und Gebirge rings herum. Es lohnt sich, vom eigentlichen Gipfel ein Stück weiterzugehen, von wo den fast ebenso hohen Kuppen ein Blick über Steilhänge hinunter zum See möglich ist.

Der Abstieg erfolgt auf derselben Route, und nach 2.30 Std. ist die Senke mit dem **Wegweiser** wieder erreicht. Von dort hält man auf den See zu und wendet sich an seinem Ufer rechts, wo ein markierter Pfad unterhalb der Steilhänge des Storehødn entlangführt. Bald ist der Bach erreicht, wird auf Steinen überquert, nach rechts lässt man an dem vom Hinweg bekannten Schilderbaum den Hødnetjedne nun hinter sich. Wieder vorbei an den Tümpeln geht es auf die Strommasten zu, bald darauf beginnt der letzte, steile Abstieg auf den Serpentinen zum **Parkplatz** hinunter, wo die Wanderung nach 3.15 Std. endet.

Hødnetjedne und Storehødn

Vom Hemsedal zum Storehødn

Register

Ådalstinden 64
Almen 127
Ålvund 53
Ålvundelva 50
Ålvundfjord 55
Åmotan 45, 47
Atna 32, 33
Atnadalen 29, 32
Aurdalsvatnet 121
Aurland 121
Aurlandsdalen 121–130
Aurlandselvi 124, 126, 130
Ausavatnet 98
Ausfjellet 99
Austerdalen 86, 87
Austerdalsbreen 86–89
Austerdalselvi 87, 88
Avdalsfossen 111

Berekvam 124
Bergdalselva 137
Bergedalen 34
Bergedalsbekken 33
Bergen 131f., 135
Bergsdalen 136f., 140
Besseggen 100, 104, 106
Besshø 97, 108
Bessvatnet 101
Bispen 58, 59
Bjoreio 141, 143
Bjørnboltjørna 101
Bjørnhollia 28, 29–31
Bjornstigen 122
Bjornstigvarden 123
Blåisen 150, 152
Blåmanen 132
Blåmansvatnet 132
Borgaskaret 134
Bøstølen 62, 65
Bøverdalen 97
Breidtind 58, 59
Brekkeseter 37, 40
Bridlefossen 128
Brushytten 132

Brynbotn 65
Bukkelægret 106, 107
Byfjorden 131

Dale 136
Dalsnibba 68
Dokkampen 116
Døra 22
Dorålseter 32
Dørfallet 22, 23
Dovrefjell 41, 44
Dragøfjord 147
Driva 41
Drivdalen 41, 44
Drivstusetra 43
Drøpping 53

Eidfjord 141
Eima 157
Eimefonni 154, 156
Eimeheii 155

Fagerbotnhalsen 73
Fagerbotnvatnet 73
Fagerheim 145, 148
Fagernes 15
Fattig og Rik (Hütte) 63
Femundsmarka 44
Fetvatnet 73
Filefjell 110, 117
Finse 149, 152
Finsehytta 149
Finsevatnet 149f.
Flatebreen 85
Flatvaddalen 50f.
Fløyen 131
Flydalsjuvet 68
Fokhaugstova 64
Fokhaugtinden 64
Foråstadseter (Foråstadsætra) 21, 24
Fossdøla 82, 83
Fossheim 99
Fossli 142

Frivollen 129
Frivollnosi 129f.
Frokostplassen 60
Furusjøen 36

Galdane 120
Galdhøpiggen 92, 94, 95
Gammelseter 30
Gammelsetra 45, 46
Gausdal Vestfjellet 114
Gaustatoppen 116
Geilo 154
Geiranger 66, 68
Geirangerfjord 66–68
Geitefjellet 64
Gjendebu 106
Gjendesee 100f., 106
Gjendesheim 100, 105
Gjendestunga 106
Gjøra 45
Glittertind 93
Gråbekken 23
Gråfjellet 137
Gravadalen 121
Grødøla 45, 47, 48
Grønbakken 44
Grovselvi 127
Grøvu 45, 48
Gudbrandsdalen 21, 44

Habostaddalen 80
Hallingdalen 121, 157
Hallingskarvet 145, 151, 154–157
Hals 53, 56
Halsakammen 53f., 56
Hardangerjøkulen 145, 149, 152f.
Hardangervidda 11, 141–148, 156
Hasabekken 115
Heggjebotsskaret 133
Heilstugutindane 108
Heimrebø 122, 124
Helgedalselva 89
Hellesylt 68, 81
Hellstugubreen 93
Hemsedal 158f.
Hjelle 110
Hjelledalen 112f.
Hjelledøla 110, 113

Hjerkinn 29, 44
Hødnetjedne (Hødnetjørn) 158–160
Høgabu 136, 140
Høgronden 32f.
Holmaberget 125
Holmegard 124
Holmen 122, 124
Homlong 66, 68
Homlongseter 67
Hornslivegen 158
Hotel Union 81
Hovdung 130
Hovdungagrovi 130
Høvringen 37
Høvringsåe 37, 40
Høvringsvatnet 37
Hurrungane-Gebirge 89–91
Hydnefossen 159

Illmanndalen 27
Illstigvatnet 70
Imbertglumpen 39
indre Nysæterhøgda 20
indre Reina 20
Innerdalen 49, 50
Innerdalshytta 50
Innerdalstårnet 49, 50
Innerdalsvatnet 49
Isdalen 134
Isterdalen 58, 59
Isvatnet 80

Jenstad 45, 48
Jordalen 133
Jordalsskaret 133
Jordalsvatnet 133
Jostedalsbreen 82, 86, 88
Jotunheimen 17, 20
Jotunheimen 24
Jotunheimen 92
Jutulhogget 36
Juvasshytta 92, 94

Kaldhusdalen 69
Kaldhussætervatnet 69f.
Kaldhussætra 69
Kaldhusseter 69

Register

Kaldvelldalen 44
Kammen 63, 64
Keilhaustoppen 94
Kjeldebu 150
Kjenndalsbreen 85
Kjondalen 38
Knivsflå 67
Knutshø 191
Knutsholet 107
Kongen 58, 59
Kongevegen 44
Kongsnuten 149, 151f.
Kongsvoll 41, 44
Krækkja 150
Krækkjahytta 145, 147
Kriksvika 18
Kristoffertjørn 63
Kroksgjeli 137
Kvanngrøfjellet 137
Kvernagrovi 137
Kvistesteinsvarden 88
Kyrkja 93

Lærdalen 117–120
Lærdalselva 119, 120
Lærdalsøyri 110
Læsho 97
Langbotn 28
Langedalen 64, 134
Langedalsbreen 86
Langglupdalen 29, 34
Langholet 33, 36
Langvatnet 51, 77
Leirungsdalen 101
Lenningen 114, 116
Li 136, 137, 140
Liasætra 78
Lillehammer 15, 16
Lindøla 46, 48
Litladalen 56
Litlevasstinden 64
Litlevatnet 65
Ljomarberget 97
Loelva 82
Loen 82, 83
Lom 96, 99
Lomatjørn 122
Lundli 46, 47

Lustrafjorden 86

Måbødalen 141–144
Måbøgalden 144
Måbøvatnet 144
Malmtjørnet 18
Meadalen 97
Memurubu 100, 106, 109
Memurudalen 108
Memurutindane 108
Memurutunga 108
Merrabekken 43
Middagstinden 63
Middalen 151f.
Morkaskaret 112
Muru 109
Musvolkampen 29
Mya 21
Myen 21
Myfallet 22, 24
Myldingsgjelet 29
Myrskaret 97
Mysuseter 25

Nedstavollen 43
Nerdalen 49, 52
Nesbø 121, 122
Nesbøgalden 121
Nesbøvatnet 121
Nevelfjellet 17, 19
Nevelvatnet 17
Nonstinden 63
Norangsdalen 81
Norangsfjord 80, 81
Nordseter 16
Nordseterfjellet 20
Nysætra 20
Nysetvatnet 79

Okstjørnet 18
Olafsklemma 119
Onilsavatn 69, 75
Ormtjørnkampen 116
Ormtjørnsetra 16
Ørnesvingen 67
Ørteren 148
Oslo 15
Østerbø s. Øvstebø

Register

Otta 97
Ottadalen 96–99
Øvre Årdal 110
Øvstebø (Østerbø) 121, 125
Øye 81
Øytjørn 112

Patchellhytta 78, 79, 81
Peer Gynt Hytta 37, 39
Peer-Gynt-Weg 100–105
Pellestova 18
Piggbreen 94
Piggrovi 93
Prestholtseter 154, 157
Prestholtskardet 155, 157
Prestholtskarvet 154f., 156f.

Rallarvegen 149
Rauberget 98
Raudtjernet 20
Reindalen 77
Reindalseter 75–77
Reindalsfossen 76
Reinsfjellet 17f.
Reinsvatnet 16–20
Renndølsetra 49f.
Reppa 47, 48
Ringebufjell 21, 22
Rjukan 116
Romsdalen 57, 59–61
Rondane 25–40, 105
Rondhalsbekken 36
Rondhalsen 32, 34
Rondslottet 27, 28, 34
Rondvassbu 25, 26, 32
Rondvassdalen 34
Rondvatnet 25, 32, 34, 36
Rongjuvsnibba 83
Rundemanen 132f.
Russvatnet 101

Sælto (Seltun) 117, 120
Sakrisvatnet 75
Sålegga 97
Sålellselva 98
Sandviken 132
Såtbakkollen 51
Sel 15, 37

Seltun s. Sælto
Semmeltind 108
Sildevatnet 76
Sinjarheim 127f.
Sjøboltinden 63
Sjugurdtind 100, 109
Sjugurdtindtjørna 108
Sjusystre 67
Skagastølsbu 91
Skagastølsdalen 89
Skagastølsvatnet 91
Skåkbekken 41
Skåla 82
Skålatårnet 82, 85
Skålavatnet 83
Skålelva 83
Skarfjellet 49
Skjerdalen 29–31
Skjerketjerna 20
Slettdalsvatnet 69, 70
Slogen 78, 80
Smedmyra 134
Smiubelgin 38
Smørskredtindane 79
Smuksjøseter 37, 39
Snøfjellet 50
Snøhetta 44
Sogne 128
Sognefjord 13, 110, 117
Sokni 117, 118, 120
Soleggen 96, 97
Solsidevassberget 38
Spåtind 114, 116
Spidsbergseter 21
Spiterstulen 92, 95
Spranget 25, 28
Stangvikfjord 55
Stigbotn 58
Stigbotnvatnet 58
Stigrøra 58
Stølådalen 44
Stonndalen 126, 130
Stonndalselvi 1340
Stora Skardet 137
Storådalen 106, 108f.
Storådalshornet 64
Stordøla 72
Store Tuva 53, 55, 56

165

Register

Store Ula 25, 36
Storediket 132
Storehødn (Storehorn) 158–161
Storekrækkja 145, 147
Storfjord 69
Storgrovfjellet 58, 59, 60
Storhaugen 134
Storkaldhusdalen 70, 73
Storronden 25–28
Storvatnet 50f., 64
Stranda 78
Straumbu 29, 31
Stroplsjødalen 44
Stundalen 130
Styggebotn 34
Styggebreen 94
Styggelvane 150
Stymme 97
Sunndalen 49, 51, 56
Sunndalsfjellene 55
Sunndalsfjorden 49, 55
Sunndalsøra 53, 56
Sunnmørsalpen 11, 79, 81
Surtningssua 108
Svartdalspiggane 107
Svartediket 134
Svarthamartjørna 133
Svartknatten 38
Sveen 45, 48
Svellnosbreen 93, 94
Svellnosi 94
Svisdalen 45, 48
Svonuten 148
Synnfjell 115
Synnfjellvidda 116

Tafjord 69
Tafjorden 69
Tarlebøvatnet 133f.
Tårnfjellet 50
Taskedalshornet 64
Teigen 128f.
Teigsgrovi 122
Tindevatnet 132
Tjørndalsvatnet 140
Tjørnholstind 107
Tjugen 83
Trappefjellet 134

Trollheimen 11, 56
Trollryggen 60
Trollstigen 57
Trolltindane 57, 59
Trollveggen 60
Trondheim 44
Trondheimfjord 44
Tungestølen 86, 88
Turnerhytten 134
Turtagrø 89, 91
Tverrådalen 52

Ulriken 131
Ustevatnet 156
Utladalen 110–113

Vågen 134
Valldal 69
Vardhaugen 55, 56
Vårstigåa 43
Vårstigen 41–44
Vårstiggruva 42
Vassbygd 121, 126
Veitastrøndvatnet 86
Venabu 21, 24
Vesledalen 106
Veslefjellet 24, 105
Veslehødn (Veslehorn) 158–161
Vesleskåla 84
Veslesmeden 35, 36
Vestfjellvegen 114, 116
Vetlahelvete 123f.
Vetlavatnet 124
Vetti 111f.
Vettisfossen 110, 113
Vettismorki 112
Viavatnet 72
Vikinghytten 132
Vikjanes 121
Vinjeronden 28
Viromdalen 49
Visa 92
Visdalen 93
Vøringfossen 141, 142, 144
Vulu 98

ytre Reina 20

www.dumontreise.de

Auf unserer Homepage finden Sie alle Reiseführer von DuMont:

Ob Studienreise oder Naturgenuss und Wandern, Städtetrip oder Fernreise – wählen Sie aus 500 Titeln zu Zielen rund um den Erdball!

Abbildungsnachweis

Alle Fotos in diesem Buch stammen von den Autoren Sabine Gorsemann und Christian Kaiser, Bremen.

Titelbild: Blick auf den Gjendesee

Karten und Höhenprofile: DuMont Reisekartografie, Puchheim
© MAIRDUMONT, Ostfildern

Impressum

Über die Autoren:
Sabine Gorsemann promovierte nach einem Lehramtsstudium zum Thema Reiseliteratur. Nach mehrjähriger Lehrtätigkeit an der Universität Bremen, u. a. in Kulturwissenschaften, arbeitet sie heute an einem Bremer Gymnasium.

Christian Kaiser arbeitet ebenfalls als Lehrer in Bremen. Beide wandern seit vielen Jahren in Norwegen.

Im DuMont Reiseverlag veröffentlichten sie außer diesem Wanderführer das Reise-Taschenbuch »Harz«.

2., aktualisierte Auflage 2007
© DuMont Reiseverlag, Ostfildern
Alle Rechte vorbehalten
Grafisches Konzept: Groschwitz, Hamburg
Druck: Rasch, Bramsche
Buchbinderische Verarbeitung: Bramscher Buchbinder Betriebe